Wilhelm Hankel

Die sieben Todsünden der Vereinigung

Wilhelm Hankel

Die sieben Todsünden der Vereinigung

Wege aus dem Wirtschaftsdesaster

Siedler Verlag

Inhalt

Nach drei Jahren deutscher Vereinigung – was nun?

Aus der Vereinigung der beiden Nachkriegsdeutschlands, dem Glücksfall unserer neueren Geschichte, ist ein Verkehrsunfall geworden. Und was für einer! Der eine Teilnehmer erleidet Totalschaden, der andere dagegen kommt nicht nur glimpflich davon, sondern profitiert auch noch lange vom Schaden des ersten. Für die alte Bundesrepublik waren die ersten drei Jahre deutscher Vereinigung ein glänzendes Geschäft. Sie erlebte inmitten aufziehender Weltrezession einen Superboom mit Höchstgewinnen und beträchtlichen Wachstumsraten, während in dem Gebiet, daß einstmals DDR hieß, statt der erhofften goldenen Zeiten die schwärzesten seit sechzig Jahren einzogen. Man muß schon bis zur Weltwirtschaftskrise von 1931 zurückgehen, um Vergleichbares zu finden: Produktions- und Beschäftigungseinbrüche von bis zu zwei Dritteln beziehungsweise der Hälfte, die Verödung ganzer Industrie- und Agrarlandschaften und, was das Schlimmste ist, kaum eine Hoffnung, daß sich daran bald etwas ändern wird. Denn noch immer überwiegt der Abbau den Aufbau, noch immer steht den neuen Investitionen eine Vielzahl von Stillegungen und Liquidationen gegenüber.

Die Menschen der alten DDR wollten zu uns, um nicht länger als Deutsche zweiter Klasse zu gelten. Nun merken sie, daß sie dies in den neuen Bundesländern geblieben sind, obwohl sie der Zusammenbruch ihrer Wirtschaft »nur« am Arbeitsplatz trifft, nicht in der Familie, nicht im Hinblick auf Einkommen und Lebensstandard. Mit zwei Dritteln eines westdeutschen Durchschnittseinkommens geht es ihnen zwar schlechter als den Deutschen in der anderen Hälfte des Landes, aber sehr viel besser als zu Zeiten der unseligen DDR. Der innerdeutsche Marshall-Plan, der den originären der Nachkriegszeit an realer Kaufkraft schon jetzt um mehr als das Zwanzigfache übertrifft, macht es möglich. Die Frage ist jedoch nicht, ob man den Westdeutschen einen solchen Sozialplan auf die Dauer zumuten kann. Bislang konnte man es, weil die westdeutsche Volkswirtschaft in den vergangenen drei Jahren an der Vereinigung gut verdient hat. Seit freilich eine weltweite Rezession auch die führende Exportnation Deutschland einholt, seit die Konjunkturkrise im westlichen Teil des Landes die Strukturkrise im östlichen überlagert und sich auch im prosperierenden Westen eine Schwachstelle nach der anderen zeigt, fällt das Zahlen aus der »Portokasse« zunehmend schwerer. Sankt Martin, der seinen Mantel mit einem frierenden Bettler teilte, ist plötzlich in aller Munde. Nun muß gespart werden: an öffentlichen Ausgaben, an sozialen Leistungen und Löhnen; und ein »Solidarpakt« soll korrigieren, was die Politik bisher versäumte.

Aber Sparen allein ist nicht die Lösung. Es kann nicht darum gehen, im Westen Geld zu sammeln, um die neuen Bürger im Osten weiter über den Tropf zu ernähren. Diese wollen keine Almosen, sondern sie wollen endlich die Möglichkeit erhalten, sich aus eigener Kraft ihr Realeinkommen zu verdienen. Das aber setzt voraus, was ihnen durch die Vereinigung genommen wurde und was bis heute nicht ersetzt werden konnte: eine eigene, autochtone Wirtschaft.

Die Wiedervereinigung hat aus dem deutschen Osten eine »Konsumgenossenschaft« gemacht und aus der dort eingeführten Marktwirtschaft zwar einen Markt – nämlich für Westdeutschland und westdeutsche Produkte –, aber einen Markt ohne eigene Wirtschaft und genügend Arbeitsplätze.

So kommt es, daß diese Konsumgenossenschaft allein den Westdeutschen nutzt. Man verfügt über einen erweiterten Binnenmarkt, ist unabhängiger von Export und Weltrezession. Die Ostdeutschen dagegen haben ihre Wirtschaft verloren; sie mußte weitgehend liquidiert werden, weil sie unbrauchbar und im Konkurrenzkampf mit dem Westen, der auf deutschem Boden beginnt, unterlegen war. Allein auf dieser Wirtschaft, die jetzt im Sterben liegt, beruhte aber einst das Arbeitseinkommen der Ostdeutschen, sie war die Grundlage ihres Stolzes, ihrer Leistung, ihrer Wertschöpfung. Was die Ostdeutschen indessen aus dem Westteil ihres Landes erhalten, ist weniger als das: Geld, das sie als Käufer zahlungsfähig hält, und gute Worte und manchmal nicht einmal diese.

Denn was immer man in die neuen Bundesländer an Transferhilfen, Kapital- und Lohnsubventionen, Rentenzuschüssen und Unterstützungen der Länder- und Gemeindehaushalte hineinpumpt, fördert entweder eine Wirtschaft, die kaum noch Zukunft hat, oder Investitionen, die sich schon deshalb nicht mehr auszahlen, weil ihnen die Märkte fehlen. Diese sind ja, wo sie nicht gänzlich weggebrochen sind, fest in der Hand der westlichen Konkurrenz.

Die alte Bundesrepublik freilich könnte mit einem solchen Zuschußgebiet zur Not leben. Sie könnte die benötigte Konsumware liefern, indem sie notfalls externe Exporte in das Ausland umwandelte in interne, die man im östlichen Deutschland unterbrächte. Und sie könnte diesen »Exportüberschuß« auch finanzieren – bislang aus Konjunkturgewinnen, demnächst aus Steuermehreinnahmen und einem abgespecktem Budget bei durchaus stabiler DM.

Die einzig entscheidende Frage lautet daher: Darf man ein Viertel der deutschen Bevölkerung als Kaufkraft- und Konjunkturreserve durchfüttern? Die Antwort darauf ist: Nein. Allerdings weniger aus wirtschaftlichen als aus politischen oder besser: aus demokratischen Gründen.

Ein Finanzminister kann sein Budget berechenbarer machen, nicht aber die Menschen, die von seinen Subventionen leben. Und solange diese Menschen nicht auf eigenen Füßen stehen, ihr Schicksal nicht selber bestimmen können, bleiben sie labil: psychisch, sozial, politisch. Die eine Unsicherheit gebiert die andere.

Deshalb schwärt die auf den Nenner bloßen Mehrkonsums und verbesserten Lebensstandards reduzierte Vereinigung der beiden deutschen Staaten wie eine Amfortaswunde am deutschen Volkskörper. Gemeint freilich sind damit nicht die Transfer-Milliarden (sie könnten sogar noch mehr werden), auch nicht das Sozialprodukt (denn es wächst, wenn auch verlangsamt, weiter). Vielmehr geht es um den sozialen Status und die innere Befindlichkeit der Menschen, da sie ohne Zukunftshoffnung, ohne Plan und Elan nicht nur trübsinnig, träge und lethargisch, sondern unvermeidlich auch neidisch und aggressiv werden.

Das Problem ist also weitreichend. Daß von der Krankheit zuerst und zu allermeist junge Leute befallen werden – sie haben ja ihre Zukunft noch vor sich –, darf nicht nur die Pädagogen beschäftigen, die nicht einmal viel daran ändern können. Es sind die Politiker, die dergleichen alarmieren muß, denn eine Demokratie ohne Nachwuchs ist zum Aussterben verurteilt.

So geht es nach drei verlorenen Jahren deutscher Vereinigungspolitik nun darum, den Hebel endlich da anzusetzen, wo er greift: am ostdeutschen Arbeitsmarkt. Und der kann wiederum nur wirksam entlastet werden, wenn man auf dem Territorium der früheren DDR eine leistungsfähige, der westlichen Konkurrenz gewachsene Wirtschaft aufbaut, die allen Ostdeutschen die von ihnen so schmerzlich vermißten Perspektiven bietet – jene »blühenden Provinzen«, von denen der Kanzler der Einheit schwärmte.

Um den Totalschaden in der früheren DDR zu beheben, das heißt: um die Amfortaswunde der deutschen Vereinigung zu schließen, bedarf es nicht wie in der Sage allein des »reinen Toren« (zumal der in dieser Bundesregierung ja durchaus zu finden wäre). Es muß der heilende Speer her, der die Wunde schließt. Dieser Speer ist die Umwandlung von Milliarden von Sozialtransfers in Milliarden von produktiven Investitionstransfers, damit im deutschen Osten eine zweite, der westdeutschen ebenbürtige Wirtschaftsregion entsteht, ganz wie in den Tagen des alten Deutschen Reiches. Aus der Konsum- muß eine Produktionsgenossenschaft gemacht werden.

Diese Aufgabe überfordert unsere Politiker. Was immer sie auf den Tisch legen, verringert die Übel nicht, sondern verlängert das Leiden: Sozialtransfer, Subventionen, die Treuhandanstalt als marktwirtschaftliche Dunkelkammer, die Erhaltung abgewirtschafteter Industriekerne, das Wursteln mit der Landwirtschaft und einer EG, die ihren Binnenmarkt als Freibrief für Schutz vor der Weltwirtschaft mißversteht – eine wahre Leporelloliste der Punktualismen, Ad-hoc-Experimente und systemwidrigen Protektionismen, vor denen die Väter der sozialen Marktwirtschaft, Walter Eucken und Ludwig Erhard, eindringlicher warnten als vor Planwirtschaft und Kommunismus.

Was fehlt, sind klare Konzepte zur Schaffung neuer Märkte und zum Aufbau neuer Produktionszentren im deutschen Osten, sind Entwürfe hinsichtlich der Rolle des Staates, der Wirtschaft, der Banken und der Gewerkschaften als Geburtshelfer dieser neuen Marktwirtschaft in den neuen Bundesländern, die etwas anderes ist als die Verkaufsabteilung westdeutscher Konzerne. Die Zeit drängt, denn der von der Bundesregierung forcierte europäische Binnenmarkt liegt auch vor den ostdeutschen Haustüren, und die neue Konkurrenz in Europa wird das Aufbaugeschäft im Osten keineswegs leichter machen. Wenn daher dem Enkel Adenauers, der gegenwärtig in Deutschland regiert, nicht bald ein Enkel Ludwig Erhards oder Karl Schillers zur Seite tritt, wird früher oder später der eine Enkel dem anderen weichen müssen – und warum auch nicht. Denn in einer Demokratie suchen sich die Probleme ihre Löser.

»Die sieben Todsünden der deutschen Vereinigung«, eine Art Beichtspiegel für die Dramatis personae dieses Vorgangs, verstehen sich weder als Anklageschrift noch als Traktat nachträglicher Besserwisserei, wohl aber als Warnzeichen auf einem Weg, der in den Abgrund führen wird. Es geht um Bilanz, Analyse und Handlungsalternativen. Da sich aus der Aufzählung von Fehlern aber noch kein Lösungsansatz ergibt, mußten den sieben »Sünden« sieben Wege aus der Sackgasse der deutschen Einigung angefügt werden. Die Überlappungen belegen überzeugend, wie sie zusammenhängen und -gehören.

Ich danke Dr. Barbara-Ute Blechschmid und Professor Dr. Udo Kollatz für juristischen, Hans-Helmut Kotz und Professor Dr. Hermann Priebe für wertvollen fachspezifischen und Barbara Hackländer für redaktionellen Rat. Meine Frau hat mir – wie so oft – die Zeit zur Arbeit gelassen und meine »Schwangerschaftslaunen« ertragen. Dennoch hätte ich das Wagnis dieses Buches vermutlich unterlassen, hätte mir nicht mein mutiger Verleger den Rücken gestärkt. Erweist es sich als ein Reinfall, hat er zwar den Schaden, für die Blamage haftet indessen allein

der Verfasser.
10. Januar 1993
Königswinter/Siebengebirge

Die Todsünde hat drei Merkmale:
Versündigung in einer wichtigen Angelegenheit,
volle Erkenntnis der Sündhaftigkeit
sowie völlige Einwilligung.

dtv-Lexikon, 1968

Verfehlte Erwartungen, verfrühte Entscheidungen – Wirtschaftswunder wiederholen sich nicht

Die deutsche Wiedervereinigung stand von der ersten Minute an unter dem Unstern des Wiederholungszwanges. Wenn es der Bundesrepublik vor vierzig Jahren gelungen war, sich nach Währungsreform und Wiederherstellung der Marktwirtschaft durch einen wiedererwachten Elan vital binnen kürzester Frist aus Elend und Chaos herauszuarbeiten, dann würde sich dieses Wunder, so meinte man zuversichtlich, nach dem spektakulären Fall der Mauer aufs neue einstellen: als Wirtschaftswunder Ost.

Und warum auch nicht? Es fehlte im östlichen Teil des Landes ja nicht an Aufbruchstimmung. Die Menschen waren den tristen DDR-Alltag leid, der zwar genügend Arbeit, aber keinen Spaß am Kaufen geboten hatte, zumal das Angebot in den Läden immer dürftiger wurde. Sie hatten von den Segnungen des Sozialismus, von der Stasi bis zur Kinderkrippe, mehr als genug. Es war und ist ihnen Ernst damit, nicht länger den Part eines Deutschen zweiter Klasse spielen zu wollen. Aber bisher spielen sie ihn weiter. Gerade deswegen könnte es sein, daß sie die Enttäuschung über das versprochene, aber ausgebliebene »Wunder« zur Verklärung der verlorenen DDR-Errungenschaften verleitet, zu einer Nostalgie, die nicht auf Fakten beruht, sondern auf Illusionen über diese DDR und wie sie wirklich war.

Es fehlte bei der Vorbereitung des neuen Wirtschaftswunders auch nicht an den bewährten Zutaten und Rezepten. Die neuen Bundesländer erhielten alles, was vor Jahren das Wirtschaftswunder im westlichen Deutschland ausgelöst hatte: eine in aller Welt respektierte, wertstabile, voll-konvertible Währung, ein

Recht, das Privateigentum und Vertragssicherheit garantierte, und einen milliardenschweren innerdeutschen Marshall-Plan, dessen Volumen sich allein in den ersten drei Jahren der deutschen Einheit auf gut das Zwanzigfache dessen belief, was der amerikanische Außenminister 1948 den Deutschen zugedacht hatte (wenn man die Kaufkraft der DM von damals zugrunde legt). Dazu kamen breitgefächerte Starthilfen für ein neues Unternehmertum: Zinssubventionen sowie massive Steuergeschenke bei Neu-Investitionen. Und schließlich übernahm die Treuhandanstalt (THA), eine im öffentlichen Auftrag operierende und mit praktisch unbegrenztem Kredit ausgestattete Finanzholding – halb Konzernspitze, halb Investmentbank –, die marode staatssozialistische Wirtschaft, um sie marktwirtschaftlich zu verwerten. Das hieß, es wurde privatisiert oder, wo es sich lohnte, saniert oder auch, wenn sich das Übernommene als unverwertbar erwies, wenigstens sozialverträglich liquidiert.

Damit aber nicht genug: Ein Fonds Deutsche Einheit stattete die neuen Länder noch vor dem Steuereingang mit der nötigen Sofortkasse aus, damit es beim Aufbau einer effizienten Verwaltung keine Verzögerung gäbe. Notwendige Infrastrukturprogramme sollten sofort in Angriff genommen werden können, und die Altlasten, von Ökoschäden bis zur Wiedergutmachung politischen, sozialen und menschlichen Unrechts, sollten unverzüglich beseitigt werden.

Doch trotz dieser immensen materiellen, finanziellen und administrativen Vorleistung lahmt der ostdeutsche Wirtschaftsgaul an allen vier Beinen, und nicht wenige Doktoren prophezeien ihm sein baldiges Verenden. Inzwischen nämlich steht fest: Der Produktions-, Beschäftigungs- und Einkommenseinbruch im deutschen Osten seit 1990 übersteigt alles, was wir an normaler Rezession und Krise aus der Nachkriegsentwicklung kennen. Wir haben einen Rückgang der Industrieproduktion um 40 Prozent und mehr, einen Ausfall hinsichtlich des Sozialprodukts um 25 Prozent und mehr sowie einen Anstieg der Arbeitslosigkeit auf über 30 Prozent der Erwerbsfähigen.

Zwar verdient man im deutschen Osten trotz Rückgang von Produktion, Beschäftigung und Leistungseinkommen knapp zwei Drittel des westdeutschen Durchschnittseinkommens – und damit wesentlich mehr als in der früheren DDR und kein bißchen weniger als in der einen oder anderen strukturschwachen westdeutschen Region. Aber bei zwei Dritteln fehlt eben doch ein Drittel an der Parität mit dem westlichen Deutschland, und es kommt noch hinzu, daß dieses Zwei-Drittel-Einkommen alles andere als sicher ist. Man verdankt es westdeutscher Hilfe, die schon morgen wieder gekürzt, ja weitgehend gestrichen werden kann. Vor allem aber: Die Einkommens- und Entwicklungshilfe aus dem Westen des Landes verdeckt, daß noch nicht einmal die Hälfte des im Osten verfügbaren Einkommens aus eigener Leistung und Wertschöpfung stammt und die andere Hälfte Zuschuß und Subvention ist. So wird verdeckt, daß im vierten Jahr der deutschen Einheit fast jedem zweiten Familienernährer schon bald der Gang zum Arbeits- oder Sozialamt droht.

Von den fast zehn Millionen Erwerbstätigen der früheren DDR hat ohnehin ein Großteil der Frauen, die ehemals ja zum Familieneinkommen beitrugen, dem Druck der Verhältnisse nachgegeben und den Rückzug an den Herd angetreten. Und von den ehemals drei Millionen Industriebeschäftigten arbeitet sowieso nur noch eine knappe Million am angestammten Arbeitsplatz. Aber selbst diese Arbeitsplätze sind akut gefährdet, denn drei Fünftel von ihnen entfallen auf Treuhandbetriebe, denen demnächst, weil man keine Käufer findet oder weil Mittel zur Sanierung fehlen, das betriebswirtschaftliche Ende droht.

Angesichts dieser Situation ist mehr vonnöten als joviale Regierungsrhetorik (»Geduld, Leute, wir packen es schon!«), nichtssagende Parteitagsparolen (»Mut statt Mißmut«) und Solidarappelle des Kanzlers an Wirtschaft und Gewerkschaften, mehr zu investieren, beziehungsweise: sich bei den Lohnforderungen zu mäßigen. Als ob die Wende zum Besseren allein von Stimmungsmache abhinge!

Mit einem Mezzogiorno im deutschen Osten steht mehr auf

17

dem Spiel als das Schicksal einer Bundesregierung und eines Bundeskanzlers, die man ohne Schaden für Staat und Gesellschaft in Bälde abwählen kann. Man gefährdet, was man im Westen Deutschlands in mehr als vierzig mühevollen Jahren beispielhaft für das inzwischen vereinte Land aufgebaut hat: Demokratie, Rechtsstaat und sozialen Frieden, außerdem die große Verläßlichkeit als Weltwirtschaftspartner und als treibende Kraft der europäischen Integration. Es wäre ein Treppenwitz der Geschichte, ein makabrer zumal, wenn ausgerechnet die Wiedervereinigung die Deutschen auf einen Zustand zurückwerfen würde, wie er zuletzt vor 1933, vor Hitlers Griff nach der Macht, bestanden hat, und wenn der längst beschlossene Umzug der deutschen Demokratie von Bonn nach Berlin auf halber Strecke endete – nämlich in Weimar.

Mittlerweile fehlt es weder an Analysen noch an Schuldzuweisungen, was Bonn, die alten Bundesländer, die Sozialpartner und die Wirtschaft des In- und Auslands in Sachen Wiedervereinigung falsch gemacht oder unterlassen haben. Man hat die DM zu großzügig verteilt und zu einem viel zu hohen Umtauschkurs in Umlauf gesetzt. Die leicht voraussehbare Folge war: beglückte Sparer, ruinierte Betriebe. Man hat die Anschubkosten des Systemwechsels grandios unterschätzt und ganz und gar unseriös finanziert – aus Schulden statt aus Steuern – und tut es noch immer. Man ist dabei, aus Deutschland, einem traditionellen Überschuß- und Kapitalexportland, einen Staat zu machen, der nun, wie die hochverschuldeten USA oder ein armes »Entwicklungsland« wie Rußland, darauf angewiesen ist, im Ausland kreditwürdig zu bleiben. Trotz der Mehreinkäufe im Ausland und moderater Realzinsen kreidet man dem wiedervereinigten Deutschland an, mit allzu hohen Kreditzinsen nicht nur seine Freunde in Europa und jenseits des Atlantik zu ruinieren, sondern auch seine eigene Konjunktur in Westdeutschland, den Kraftquell und das Finanzreservoir für die Aufbaufinanzierung in Ostdeutschland.

Tatsächlich hat man die Lasten der Vereinigungshypothek

höchst ungleich verteilt, indem man den Arbeitnehmern und ihrer Sozialversicherung mehr aufbürdete als der Wirtschaft. Deswegen fällt es nunmehr schwer, die Gewerkschaften in einen »Solidarpakt« einzubinden; warum sollen die Arbeitnehmer sparen, nachdem westdeutsche Unternehmer so lange satte Wiedervereinigungsgewinne einstreichen konnten? Dazu kommen die falschen Rahmendaten einer Eigentumsordnung, die viel zu viele Fragen offen läßt, die weitverbreitete Unfähigkeit der neuen ostdeutschen Ämter, denen bürokratische Vorsicht näher liegt als administrativer Mut zum Risiko, und zuletzt eine Bevölkerung, die erst noch lernen muß, daß Marktwirtschaft etwas ganz anderes ist als die Freiheit, geschenktes Geld auszugeben: Man muß das Geld, das man ausgibt, auch verdienen können und wollen.

Das alles ist als Kunst-, Regie- und Regierungsfehler bedrückend genug. Selten hat man eine Regierung erlebt, die so vieles in einer so entscheidenden Situation so falsch gemacht hat wie die, der die Geschichte die deutsche Wiedervereinigung in den Schoß geworfen hat. Aber auch die Opposition, die sie nicht daran hinderte und auch keine Alternative bot, macht keine rühmlichere Figur. Und doch ist selbst diese Misere noch nicht das Entscheidende. Denn auch wenn man alle Fehler der deutschen Wiedervereinigungspolitik korrigierte – was ja früher oder später geschehen muß –, wird aus behobenen Fehlern noch kein Programm.

Nach drei verlorenen Jahren ist klar: Das Wirtschaftswunder Ost wird, wenn es denn kommen sollte, nur den Namen und das Ziel mit dem von Ludwig Erhard eingeleiteten Wirtschaftswunder gemeinsam haben. Ausgangslage, Rahmendaten und Umfeldbedingungen waren damals gänzlich andere als heute, über vierzig Jahre später. Erhard nämlich fand innerdeutsch wie weltweit ein geradezu unerschöpfliches Nachfragepotential vor. Die Welt war infolge des Krieges zerstört oder unterentwickelt, ihr Warenhunger unersättlich. So kam es darauf an, Angebot zu schaffen, nicht Nachfrage, denn die war ja reichlich vorhanden und mußte lediglich begrenzt und in die richtigen Kanäle gelenkt werden. Erhard benötigte daher für sein Wirtschaftswunder »nur« knappes Geld und richtige Preise. Den Rest besorgte die in der damaligen Bundesrepublik wieder eingeführte Marktwirtschaft »von selbst«.

Wer immer damals etwas Vernünftiges anbot oder produzierte oder in die Herstellung solcher Produkte investierte, brauchte sich weder Sorgen um den Absatz seiner Waren noch um den Ertrag seiner Investitionen zu machen. Und weil sich die Investitionen in dieser ersten Phase des westdeutschen Wirtschaftswunders weitgehend aus Gewinnen finanzierten, kam man auch ohne Kapitalmarkt und nennenswerte Ersparnisse der privaten Haushalte aus.

Hinzu kam, daß sich die aus Gewinnen und Selbstfinanzierungsquellen regenerierende westdeutsche Wirtschaft enorme Exportchancen in einer stark expandierenden Weltwirtschaft hatte, jedoch selber kaum unter störender Importkonkurrenz litt. Da man die junge DM vor Leistungsbilanzdefiziten schützen mußte, die sie hätten aufweichen können, und es dank wohlwollender internationaler Währungsinstitutionen wie dem Internationalen Währungsfonds (IWF) und der Organisation für wirtschaftliche Zusammenarbeit und Entwicklung (OECD) auch durfte, wurden die Importe nur behutsam liberalisiert. Auch sorgte die konsequente Stabilitätspolitik im Inneren bei unterlassener Aufwertung nach außen dafür, daß die DM zunehmend »unterbewertet« wurde. Aus beiden Gründen ließen sich westdeutsche Export- und Leistungsbilanzüberschüsse nicht verhindern! So kam es, daß es dank der beschleunigten Integration Westdeutschlands in die westliche Weltwirtschaft einfacher war, die im deutschen Osten verlorenen Binnenabsatzmärkte zu verschmerzen.

Mit Beginn der sechziger Jahre mußte die Bundesrepublik das Erreichte dann konsolidieren. Im Jahre 1958, ihrem zehnten Lebensjahr, war die DM weltweit konvertibel geworden. Die Triebkräfte der Expansion hatten sich von den Investitionen auf die Exporte verlagert. Die wachsenden Sparguthaben der privaten Haushalte zehrten an den Gewinnmargen der Unternehmen, und Westdeutschlands Investoren mußten von der Selbst- auf die Fremdfinanzierung umschalten – der erstarkende Kapitalmarkt machte es möglich. Die Bundesrepublik war aus der ersten Phase ihres Wirtschaftswunders, dem Selbstlauf, in eine zweite Phase eingetreten: in die wirtschaftspolitische »Globalsteuerung« (Karl Schiller). Als führendes Exportland war sie jetzt vom guten Verlauf der Weltkonjunktur abhängig, als Gesellschaft mit wachsender privater Sparkapitalbildung auf eine möglichst harte und wertstabile DM angewiesen. Der daraus resultierende Dauerkonflikt, daß die intern stabile, extern aber unterbewertete DM zwar den westdeutschen Exportüberschuß begünstigte und verfestigte, die chronischen Leistungs- und Devisenbilanzüberschüsse dagegen wiederum den Binnenwert der DM gefährdeten (»importierte Inflation«), forderte eine zusehends diffizilere Doppelstrategie: Bei niedrigen Zinsen im Inland war es verhältnismäßig leicht, das mittels der Leistungsbilanz importierte Inflationspotential über die Kapitalbilanz wieder abzuschieben. Über Kapitalexport und Auslandsinvestitionen konnte man Geldwert und Absatzmärkte sichern. Bei hohen, inflationsabwehrenden Inlandszinsen, die immer mehr Geld ins Land hineintrieben, blieb jedoch nur ein Ausweg offen: Man mußte die DM aufwerten, und zwar in immer kürzeren Zeitabständen.

Im Fix-Kurs-System von Bretton Woods, in dem der US-Dollar bis 1973 als unbestrittene Leitwährung herrschte, gelang es, die konträren Ziele der Export- und der Stabilitätspolitik auf einen Nenner zu bringen. Man wertete die DM auf, allerdings nicht um den vollen Satz der Weltinflation, und stabilisierte sie dadurch. So hielt man ihren »Unterbewertungseffekt« aufrecht und subventionierte den westdeutschen Export über den Wechselkurs.

Mit dem Ende von Bretton Woods, den diversen Ölpreisschocks und dem Übergang zu schwankenden und spekulativ bestimmten Wechselkursen ging diese Ära des wachstums- und stabilitätspolitischen Interessenausgleichs zu Ende. Durch das Chaos, das seitdem in den Wechselkursen herrscht, wurde die deutsche Wirtschaft aus ihrem monetären Exportparadies vertrieben. Mehr denn je ist sie seitdem darauf angewiesen, ihre internationale Wettbewerbsfähigkeit entweder einkommenspolitisch abzusichern (durch Lohnzurückhaltung) oder wechselkurspolitisch durch die Schaffung eines europäischen Bretton Woods vor der Haustür – eines europäischen Währungssytems (EWS) als einer Zone stabiler Währungsparitäten. Oder: Die deutsche Wirtschaft muß sich zunehmend selber exportieren, das heißt versuchen, das Ausland vom Ausland aus mit Waren zu beliefern – mit all den negativen Konsequenzen, die das für die Inlandskonjunktur und den Arbeitsmarkt hat.

Die Geschichte der zweiten Phase des deutschen Wirtschaftswunders enthält indessen eine Lehre und eine Warnung. Die Lehre lautet: Wer sich als führendes Exportland mit harter Währung seinen exportfördernden Wechselkurs, den volkswirtschaftlichen Umrechnungsfaktor aller Export- und Importpreise, wegnehmen läßt – sei es von spekulativen Finanzmärkten oder, wie demnächst, von einer dafür zuständigen Euro-Zentralbank –, muß zu Hause auf eine forcierte Wachstumspolitik verzichten. Er kann nur noch diejenigen Wachstumschancen nutzen, die ihm Produktivitäts- und Kapitalbildungsvorteile lassen, mit anderen Worten: Kostenvorsprung und Ersparnis.

Dagegen führt uns die Warnung direkt zum Herd des Wirtschaftsinfarkts in den neuen Bundesländern. Nachdem die Bundesregierung bewußt einen Aufwertungsschock herbeigeführt hat, indem sie die DM nicht zu einem Umtauschsatz von 1:4 oder 1:5, wie es der Marktbewertung ungefähr entsprochen hätte, einführte, sondern zu dem »unrealistischen« Satz von 1:1,8 (im gewogenen Durchschnitt aller Geldaktiva und -passiva), darf sie sich nicht wundern, wenn statt des erhofften Wirtschaftswunders das Gegenteil eintritt – eine Wirtschaftskatastrophe.

Dasselbe wäre ja auch in Westdeutschland eingetreten, wenn man die DM ähnlich brutal und über Nacht zum US-Dollar aufgewertet hätte. Die letzte amtliche DM-US-Dollar-Parität betrug bei Ende des Bretton-Woods-Systems vor 20 Jahren (1973) 3,66 DM. Derzeit werden für einen US-Dollar rund 1,60 DM gezahlt, was einer Aufwertung von über 130 Prozent, verteilt auf zwanzig Jahre, entspricht, rund 4 1/4 Prozent im Jahresdurchschnitt. Dagegen mußte die Wirtschaft der früheren DDR von einem Tag auf den anderen eine Aufwertung um 400 bis 500 Prozent verkraften, und ihre Produkte verteuerten sich um diesen Satz in DM im Inland wie im Ausland von heute auf morgen. Wenn es je einen Markt für sie gegeben hätte – danach gab es ihn nicht mehr. Denn von nun an bekamen die ostdeutschen Käufer alle Waren bei der West-Konkurrenz – und nicht nur der westdeutschen – billiger und besser, während die früheren Kunden aus der östlichen Weltwirtschaft, dem COMECON, schon deswegen ausfielen, weil sie statt in weichen Transfer-Rubeln zu Freundespreisen nunmehr in harter DM zu Weltmarktpreisen zahlen mußten. Und auf den neu zugänglichen Exportmärkten des Westens, in Deutschland, der EG und anderswo, war nun ebenfalls nicht mehr Fuß zu fassen, weil man mit Aufpreisen von 400 bis 500 Prozent hoffnungslos im Abseits stand.

Dennoch macht man es sich zu leicht, wenn man den Zusammenbruch der DDR-Wirtschaft einzig und allein dem »Danaergeschenk« der DM und ihrem produktionspolitisch so fatalen Umtauschsatz zuschreibt. Die DDR hatte eben eine Wirtschaft, die nur unter den vom Weltmarkt abgeschotteten COMECON-Bedingungen arbeiten, absetzen und »wettbewerbstüchtig« erscheinen konnte: bei falschen Kursen, überhöhten Preisen und für die Ostdeutschen ungünstigen »terms of trade«.

Deswegen hat auch nicht die Einführung der DM – zu der es ohnehin keine Alternative gab – die Wirtschaft der DDR ruiniert. Vielmehr hat die DM diesen Ruin nur offenbar gemacht. Schließlich ist ja auch nicht der Konkursverwalter an der Pleite schuld! Jetzt wird Ostdeutschland, von einigen lokalen Dienstleistungs- und Kleingewerben abgesehen, von draußen beliefert, aus Westdeutschland und aus aller Welt, Hongkong eingeschlossen. Diese phantastische »Angebotspolitik« aus dem goldenen Westen machte zwar sechzehn Millionen deutscher Neubürger glücklich, gleichzeitig jedoch an die fünf Millionen Erwerbstätiger arbeitslos – wenn noch nicht jetzt, dann in absehbarer Zukunft. Dieses nicht im mindesten vorausgesehen und in Rechnung gestellt zu haben, ist daher die erste und folgenreichste aller sieben Todsünden der deutschen Wiedervereinigung. Sie zog und zieht bis heute alle weiteren Probleme nach sich.

Zweite Sünde:

DM, DM über alles – die Folgen
einer Fehleinschätzung

Gab es zur deutsch-deutschen Währungsunion vom 1. Juli 1990, also noch zu Lebzeiten der DDR, eine Alternative? Bevor die Bundesregierung den Beschluß zur Währungsunion faßte – übrigens überraschend spät, denn bis zum Ende der ersten Februarwoche war sie noch strikt dagegen gewesen –, waren die Meinungen durchaus geteilt. Bundesregierung, Bundesbank und die überwiegende Mehrheit der Wirtschaftswissenschaftler huldigten der aus der europäischen Integrationsdebatte bekannten »Krönungstheorie«: Zunächst, so hieß es, müsse man den gesamtdeutschen Staat schaffen; erst dieser lasse sich dann durch die gemeinsame Währung krönen. Auch Bismarck hatte ja 1871 zunächst das Deutsche Reich geschaffen und danach – 1873 – eine einheitliche Reichsmark-Währung. Und umgekehrt hatte die deutsche Spaltung nach der Katastrophe des Zweiten Weltkriegs mit zwei Währungen auf deutschem Boden begonnen, noch ein Jahr vor der Konstituierung der Bundesrepublik Deutschland und der Deutschen Demokratischen Republik, nämlich mit der Emission der DM-West im Juli 1948, worauf dann sechs Wochen später die DM-Ost und spätere Mark der DDR gefolgt war.

Nach 1871 war es dem deutschen Reichstag in einem beispiellosen Kraftakt nationaler Legislation gelungen, aus sieben getrennten Währungsgebieten und dreiunddreißig miteinander konkurrierenden, teilweise sogar noch privaten Notenbanken (die alles andere als eine konvergente Politik betrieben) ein einheitliches deutsches Währungssystem zu machen. Damit war der

Grundstein für den Aufstieg Deutschlands zu einer starken Volkswirtschaft mit industrieller Prägung gelegt, der bereits nach wenigen Jahrzehnten hinter England zweitstärksten der Welt.

Nach 1948 hatte dann die monetäre Spaltung, noch lange vor dem Bau der Mauer, zu einer Zweiteilung Deutschlands geführt. Im Währungsgebiet der DM, also in Deutschland West, herrschte monetäre Freizügigkeit. Als die Mark 1958 konvertibel wurde, erhielt der Bundesbürger neben seinem politischen Stimmzettel einen monetären; er konnte mit seinem sauer verdienten Geld nicht nur machen, was er wollte, er konnte auch gehen, wohin er wollte, notfalls sogar mit dem Geldstimmzettel gegen seinen Staat votieren und sich mitsamt seinem Geld im Ausland nieder-lassen.

Dagegen war die Mark der DDR von Beginn an als inkonvertibles Binnengeld geplant und in Umlauf gesetzt worden. Mit »gutem« Grund: Solange es die alte, inkonvertible Mark der DDR gab, waren die DDR-Bürger nicht nur durch die Mauer vom Ausland abgeriegelt, sie saßen auch monetär in Haft – im Währungsgefängnis. Denn die Mitnahme ihres Geldes als Flucht- oder Ferienkasse war ihnen ganz legal verboten, weshalb die Mark der DDR nur so viel oder so wenig wert war, wie man dafür in den meist leeren oder teuren Geschäften kaufen konnte. Wer dennoch die Republik unter Lebensgefahr verließ und sein bißchen Gespartes mitnahm, verlor, sobald er dieses an einem westlichen Bankschalter umtauschen wollte, bis zu 95 Prozent seiner Lebensersparnisse.

Der DDR-Regierung war, allen anderslautenden Erklärungen der SED-Führung zum Trotz, dieser Stand der Dinge ausgespro-chen recht, begrenzte er doch mit der Kapitalflucht die Men-schenflucht. Wer wagte es schon, ohne Mittel in die Fremde zu gehen und sich dort eine Existenz aufzubauen? Und damit setzte die SED-Führung in ihrem anti-faschistischen Staat eine Tradi-tion fort, die Hitlers NS-Staat perfektioniert hatte: Hitler und seine Schergen hätten niemals Millionen von Juden im Lande festhalten und anschließend ermorden können, hätte man den Opfern nicht vorher die Konten gesperrt und jede Konversion von Reichsmark in heiß begehrte Devisen verboten. Die DDR hat somit das monetäre Gefängnis des NS-Regimes fortgesetzt und jede Reise, erst recht jede Ausreise »genehmigungspflichtig« gemacht.

Wenn wenig selbstkritische Kritiker aus der Entscheidung des DDR-Wahlvolkes vom Frühjahr 1990 geschlossen haben, die Mehrheit habe nur für Bananen und andere westliche Wohlstandsgüter optiert, dann übersehen sie, daß ein weltweit konvertibles Geld ein Freiheitsgut per se ist. Es erlaubt nicht nur zu leben, wie man will, sondern auch wo man will, und ist damit ein Stimmzettel nicht nur für Güter und Annehmlichkeiten, sondern auch gegen den eigenen Staat.

Auf einem anderen Blatt steht freilich die Frage, wieviele Bürger der DDR, die damals für die in DM verbriefte Freiheit stimmten, heute noch wissen, was ihnen diese Freiheit wert ist. Sie ist inzwischen selbstverständlich. Es war daher folgerichtig, daß man nach dem Fall der Mauer auch die monetäre Bleibehaft beenden wollte. »Kommt die DM nicht nach hier, gehen wir zu ihr«, skandierte das Volk nicht nur in Leipzig.

Das überraschende – und der Deutschen Bundesbank abgetrotzte – Versprechen des Bundeskanzlers, die DM allen Dementis zum Trotz schon vor der deutschen Einigung im Gebiet der DDR einzuführen, sicherte seiner Partei nicht nur den grandiosen Wahlsieg vom 19. März 1990. Es setzte den Zug zur deutschen Einheit unwiderruflich in Bewegung; ein Anhalten auf freier Strecke oder die Umleitung auf ein anderes Gleis waren nun nicht mehr möglich. Freilich bekam dieselbe Bundesregierung, die im deutsch-deutschen Theater so geschickt das Libretto ausgewechselt und aus der DM als Krönung der deutschen Einheit deren Lokomotive gemacht hatte, jetzt die Rechnung aus Brüssel präsentiert. Wenn man innerdeutsch von der monetären Krönungs- zur Lokomotive-Theorie überging, warum nicht auch in Europa? Im Maastrichter Vertrag mußte der deutsche Bundeskanzler ein gemeinsames Europageld auch für den Fall akzeptieren, daß für die politisch gewollten Vereinigten Staaten von Europa nicht mehr herauskommen sollte als ein paar unverbindliche Absichtserklärungen.

Bekommen nun im nachhinein all die Skeptiker der deutsch-deutschen Währungsunion recht, die es – wenn auch mit fragwürdigen Argumenten – abgelehnt hatten, die »boat people« aus Ostdeutschland ins angeblich volle westdeutsche Boot zu nehmen? War nicht der Schritt, wenngleich parteitaktisch ein Meisterstück, in der Sache eine leicht voraussehbare »Katastrophe«, wie der damals amtierende Bundesbankpräsident schon bald zu Protokoll gab, oder eine »fatale Sturzgeburt«, wie sein Amtsnachfolger nur wenig später sekundierte? So verständlich der Wunsch der Ostdeutschen nach guter, werthaltiger und international verwertbarer DM auch war, könnte nicht die hereingeholte DM das Trojanische Pferd gewesen sein, das alles in der DDR Erreichte und Errichtete über Nacht entwertete und zunichte machte: die Produktion, die Sicherheit von Arbeitsplatz und Einkommen, den Stolz auf die eigene Leistung und auf seine Stellung in der Welt?

Wir sahen schon: In den ersten drei Jahren seit der deutschen Einigung führte die Hereinnahme von sechzehn Millionen Neubürgern mit erheblicher, von West nach Ost transferierter Kaufkraft zu einem Superboom für Westdeutschland. Man inszenierte nach dem schlechten Vorbild des früheren US-Präsidenten Reagan eine Reagonomics vom Rhein, das heißt man finanzierte die Mehrnachfrage aus Ostdeutschland aus einem Doppeldefizit in Haushalt und Leistungsbilanz. Oder müssen wir in dem Zusammenhang gar von einer »Kohl-Wirtschaft« sprechen? Was in den Zeiten des geteilten Deutschland undenkbar erschien, genau das ist oder wird jetzt Realität. Man muß die DM, eine bislang durch Export- und Leistungsbilanzüberschüsse, also durch die Weltnachfrage gefestigte Währung durch hohe Zinsen künstlich stützen wie das kranke Pfund Sterling oder den labilen US-Dollar. Diese Zinsen drohen jetzt sogar die Vereinigungskonjunktur ab-

28

zuwürgen. Die deutsche Einheit hat zwar das politische Gewicht Deutschlands in Europa und in aller Welt verstärkt, aber ökonomisch und monetär bringt die Vereinigung jetzt das Gegenteil – die Verstärkung der Ungleichgewichte, die Schwächung der Währung.

Muß das alles auf dem Konto einer überhasteten und falsch konzipierten Währungsunion verbucht werden? Sollte die Währungsunion an allem schuld sein, der Preis für ihre Vorteile und Annehmlichkeiten, von Reisefreiheit bis Westautos und Unterhaltungselektronik, wäre in der Tat hoch. Zu hoch, wie manche meinen?

Der Vorwurf wiegt schwer, also müssen wir ihm nachgehen. Selbst die schärfsten Kritiker der Währungsunion in Deutschland sind niemals dafür eingetreten, das alte Wirtschaftslenkungssystem der früheren DDR, das nur ein Witzbold »Planwirtschaft« nennen konnte, zu retten oder beizubehalten. Ganz im Gegenteil, alle waren sich einig: Dieses verrottete System muß weg, und als Alternative bietet sich nur die Marktwirtschaft an.

Damit aber kommen wir zum Punkt. Planwirtschaft und Marktwirtschaft unterscheiden sich nicht nur darin, wer in den Betrieben das Sagen hat – ein Heer anonymer, jedes Eigenrisiko vermeidender Bürokraten oder Unternehmer, die selber für ihre Entscheidungen, ihr Geld und das anderer Leute haften. Beide Systeme unterscheiden sich vor allem darin, wie und mittels welcher Lenkungstechnik die volkswirtschaftlichen Ressourcen ihrem Wirte zugeführt werden. In der Planwirtschaft geschieht dies durch autoritäre Akte, Befehle und Kommandos, in der Marktwirtschaft dagegen durch Ausübung von Geldstimmrechten: den Zuschlag erhält, wer entweder über das notwendige Geld oder den erforderlichen Kredit verfügt. Und damit sind wir bei der Rolle von Geld und Kredit beim Übergang von ostdeutscher Planwirtschaft zu westlicher Marktwirtschaft und der Hilfestellung der DM bei diesem Sprung über den Graben.

Geld in der Planwirtschaft ist lediglich ein Konsumgüterbezugsschein, so es denn diese Konsumgüter überhaupt noch gibt. Geld in der Marktwirtschaft dagegen ist sowohl ein Mittel der Produktions- wie der Investitionslenkung. Mit dem Geldstimmzettel zwingt der Konsument den Produzenten, sich nach seinen – des Konsumenten – Plänen zu richten, nicht umgekehrt. Mit seinem Kreditgeld, das er dem Investor überläßt, bestimmt der Sparer diesen, »sein« Kapital so anzulegen, daß ein Zins erwirtschaftet wird, so hoch wie ihn der Sparer erwartet. Der Kapitalmarkt mit seinen Zinsen ist daher gewissermaßen der »Gosplan« der Marktwirtschaft, das Zentrum der Investitionslenkung. Eine Planwirtschaft mit Kreditgeld, Zins und Kapitalmarkt ist somit unvorstellbar. Selbst die rudimentärste Form der unternehmerischen Kreditwirtschaft würde die Ziele, Präferenzen und Weisungen der Investitionslenkungsbürokratie durchkreuzen. Deswegen konnte es im real existierenden Sozialismus zwar Geld geben, aber keinen Kredit, wenn man von Fällen im engsten Familienkreis einmal absieht. Denn mit dem Kredit wird ein reales Verfügungsrecht über Ressourcen von einem Individuum (Sparer) auf das andere (Investor, Unternehmer) übertragen, wenn auch nur auf Zeit.

Parallel zur Einführung der Marktwirtschaft dort, wo bisher Planwirtschaft herrschte, geht daher stets eine Transformation von der autoritären Zuteilungsökonomie zur Kreditwirtschaft einher. Das aber heißt: Der Sparer muß motiviert werden, Geldkapital zu bilden, wozu es nur kommt, wenn er via Kredit, Zins und Gewinnanteilen am unternehmerischen Erfolg oder Kapital beteiligt wird. Der Unternehmer seinerseits muß für seine Leistung – sein Wagnis, seine Innovationen – entlohnt werden; es muß demnach nach Abzug der Zinsen etwas für ihn übrig bleiben. Der Zins sagt ihm genau, welchen Ertrag er im Minimum erwirtschaften muß, damit weder er noch sein Geld- und Kreditlieferant, der Sparer, zu kurz kommt. Bliebe er mit dem Ertrag aus seinen Investitionen hinter der Kapitalmarktverzinsung zurück, dann sollte er sich besser nicht als Unternehmer, sondern als »Unterlasser« betätigen – als Sparer oder Geldanleger.

Man kann also keine Marktwirtschaft ohne Kreditwirtschaft

einführen, wie man Gedichte ja auch nicht ohne Wörter schreiben kann. Das war schon immer so: Erst die Kreditwirtschaft hat aus archaischen oder feudalistischen Befehlswirtschaften wie im Pharaonenstaat, in mittelalterlichen Fronhöfen oder Villikationen leistungsorientierte zivile Marktwirtschaften gemacht – Aufsteigergesellschaften, in denen nicht nur der Adel, sondern auch das Volk per Kredit erlangen konnte, was ihm von Geburt her fehlte. Das ist auch heute so: Erst die Kreditwirtschaft ermöglicht die für die moderne Industriewirtschaft charakteristische Spaltung der Gesellschaft in die »Klassen« der Sparer und Investoren, wobei letztere um das stets knappe Kapital der ersteren konkurrieren und so das Beste aus den verfügbaren Ressourcen machen. Mit anderen Worten: Es ist die Kreditwirtschaft, die die für alle marktwirtschaftlichen Systeme typischen Qualitäten hervorbringt, nämlich Offenheit für den Aufstieg von unten und Dynamik aufgrund von Wagnis und Innovation.

Wer also meint, er könne Marktwirtschaft durch bloße Deregulierung und Privatisierung einführen, ohne die Risiken einer voll funktionsfähigen Geld- und Kreditwirtschaft auf sich zu nehmen, träumt von einem Theaterstück, das schon im zweiten Akt abbräche. Wo immer sich die primitive Geldwirtschaft des monetären Konsumguteinkaufs bei gleichzeitiger Ressourcenlenkung durch den Staat zur Kreditwirtschaft verdichtet, verändert sich die Wirtschaftsordnung.

War die Zuweisung der Ressourcen zuvor autoritär bestimmt, wird sie von nun an von den Geld-, Kredit- und Kapitalmärkten vorgenommen und durch diese so marktwirtschaftlich wie demokratisch legitimiert. Die Unternehmer müssen »ihren« Sparern (Kredit- und Eigenkapitallieferanten) nachweisen, daß ihr Geld arbeitet und sich als Geldkapital angemessen rentiert. Dieses übrigens nicht nur ökonomisch, sondern – bei entsprechendem Problembewußtsein – auch ökologisch. Denn wenn die Käufer es ablehnen, umweltfeindliche Produkte zu kaufen oder die dahinter stehenden umweltfeindlichen Technologien im Preis zu honorieren, rechnet sich der Investitionsaufwand für

»schmutziges« Wirtschaftswachstum nicht mehr. Nicht das Wirtschaftswachstum als solches gefährdet also unsere Umwelt, sondern einzig und allein der Gebrauch und Einsatz umweltgefährdender Techniken und Verfahren.

Nur sozialistische Mega-Staaten wie die untergegangene UdSSR und ihr Satellit, die frühere DDR, konnten es sich leisten, Ökoverbrechen ungeheuerlichen Ausmaßes zu begehen oder sich Risiken wie Tschernobyl aufzuladen. Sie mußten weder die Kontrolle durch den Markt noch die Explosion der Kosten – auch und gerade der sozialen nach einem SuperGAU – fürchten; sie konnten sie abwälzen, »sozialisieren«.

Ein privater Unternehmer und Investor, der diese Kosten selber hätte tragen müssen, hätte Wagnisse dieser Art nicht riskiert. Er hätte sie auch selber gar nicht finanzieren können. Man sieht also: Wo gerechnet und gehaftet werden muß, geht es nicht nur wirtschaftlicher und umweltfreundlicher zu, sondern auch sozialer und humaner. Deswegen schneidet ein Kapitalismus, der seine Risiken begrenzen muß, weil er für Schäden zur Kasse geben wird, gar nicht so schlecht ab, wie seine Gegner meinen. Entscheidend ist, daß man im Kapitalismus den Kardinalfehler des Sozialismus, nämlich mit der Produktion auch die Haftung zu sozialisieren, weder begeht noch zuläßt. Wer immer für seine Kosten, Fehler und Schäden – auch Dritten gegenüber – einstehen und aufkommen muß, wird sich gründlich überlegen, was er tut und wie er es ausführt.

Nur erfordert dieses Abwägen, Eingrenzen, Rechnen einen verläßlichen Rechenmaßstab – unser Geld. Erst die über Geldleihe zur Kreditwirtschaft verdichtete Marktwirtschaft macht diese sowohl funktionsfähig wie – mit haftungsrechtlicher Nachhilfe – sozial.

Und wie steht es mit den sozialen Opfern und Kosten: dem Heer der Betriebe, die geschlossen, den Existenzen und Arbeitsplätzen, die vernichtet wurden? Denn die Kehrseite des marktwirtschaftlich richtigen Rechnens ist doch, daß das, was sich nicht (mehr) rechnet, von derselben Marktwirtschaft gnadenlos verurteilt wird, und zwar in aller Regel zum Tode.

Viele halten den Tod im Konkurrenzkampf für ein barbarisches Relikt aus vor-marktwirtschaftlicher Steinzeit. Wenn überall die Todesstrafe abgeschafft wird, warum dann nicht auch im Wettbewerb der Systeme und ihrer Unternehmen?

Die schlichte Antwort ist: Es sind weder Markt noch Geld, die sich so – zu ihrer größeren Ehre oder Unehre – opfern lassen. Beide zeigen nur die Bedingungen und Spielregeln an, unter denen der Wettkampf stattfindet. So wenig wie der Schiedsrichter für die Niederlage der Mannschaft verantwortlich ist, die keine oder zu wenig Tore schießt, sind Markt und Geld die Ursache wirtschaftlicher Fehlentscheidungen. Wer am Markt sein Geld verliert, muß die Ursache dafür woanders suchen – in aller Regel bei sich selbst und bei seinen Entscheidungen! Deswegen sind auch nicht Markt- und Geldwirtschaft für die vielen Pleiten, Betriebsstillegungen und Entlassungen in der früheren DDR verantwortlich, sondern jene Fehler, die man früher beging, zum Teil aber noch immer fortsetzt. Wenn das Thermometer überhöhte Temperatur anzeigt, kann man zwar auf eine Krankheit schließen, muß aber dennoch herausfinden, um welche es sich handelt, denn Symptom und Ursache sind nicht dasselbe.

Deswegen gehen all die in die Irre, die uns, aus welchem Grund auch immer, weismachen wollen, ohne die Einführung der DM in der früheren DDR wäre alles besser verlaufen; es wäre weder zum Zusammenbruch der Wirtschaft noch des Arbeitsmarktes gekommen. Und der Beweis? Glaubt jemand im Ernst, die neuen Bundesländer hätten sich als Wirtschaftssonderzone mit eigener Wirtschaft, eigenem Recht und einem wertlosen Spielgeld aufbauen und Schritt für Schritt in den westdeutschen Leistungs-, Entlohnungs- und Lebensstandard eingliedern lassen? Das östliche System hätte sich so weder weiterführen noch reformieren lassen!

Hinzu kommt, daß die Ostdeutschen ausgewandert wären, ihr hoffnungsloses Land verlassen hätten wie ein steuerloses, den Wellen preisgegebenes Schiff.

Ist es deswegen überflüssig, über Alternativen zur deutsch-

deutschen Währungsunion des Jahres 1990 nachzudenken? Keineswegs – es ist wichtig, genauestens herauszuarbeiten, was an dieser Währungsunion notwendig war und was durchaus besser und damit richtig hätte gemacht werden können.

Für die einen ist der Umtauschsatz der Kern des Übels. Man hätte einen realistischeren wählen können und müssen, statt 1:1 für die Masse der persönlichen Ersparnisse und 2:1 für die Betriebsschulden hätte der Satz bei 1:4 oder 1:5 oder dazwischen liegen müssen, denn damit hätte er den realen Kostenstrukturen weit mehr entsprochen als die beiden oben genannten. Andere erklärten damals und meinen es noch heute, eine andere Währungsunion wäre der Situation der beiden deutschen Staaten im Sommer 1990 eher gerecht geworden. Die einen sprachen sich für einen langsameren Übergang der einen Währung in die andere aus, also für eine Währungsunion auf Raten mit einem befristeten Nebeneinander von DDR-Mark und DM. Wieder anderen schwebte eine Währungsunion à la Liechtenstein oder Luxemburg vor: zwar eine Währung für ganz Deutschland, aber doch auch eine Fortführung der alten Wirtschaftssysteme, um der DDR-Wirtschaft die nunmehr eingetretene Bruchlandung zu ersparen. Trotz gemeinsamen Geldes sollte ein gleitender Übergang aus der Planwirtschaft in die Marktwirtschaft ermöglicht werden, eine weiche Landung mit möglichst wenig Konkurs, Betriebsstillegung und Arbeitslosigkeit.

Auch wenn diese Gegenkonzepte der Schnee von gestern sind, sollten wir sie prüfen.

Bei der Entscheidung für einen »realistischen« Wechselkurs von 4 oder 5:1 wäre eine Folge gewiß, eine andere höchst ungewiß gewesen. Mit Sicherheit nämlich wäre den privaten Sparern der früheren DDR nur ein Viertel bis ein Fünftel ihrer in vierzig Jahren angehäuften Lebensersparnisse verblieben; die anderen drei Viertel bis vier Fünftel wären ihnen sozusagen als Eintrittspreis zur sozialen Marktwirtschaft wegkonfisziert worden. Man muß zugeben: Kaum jemand in Ostdeutschland hätte dies als eine Wende zum Besseren empfunden. Dagegen wäre höchst ungewiß geblieben, ob die Abwertung der DDR-Mark den Betrieben der ehemaligen DDR auf die Dauer wirklich jene Entlastung gebracht hätte, die sie brauchten, um mit dem neuen Wettbewerb aus dem Westen fertig zu werden. Zwar hätten sie am Tage X und ein paar Wochen danach ihre alten, überhöhten DDR-Mark-Preise in realistischere DM-Preise umrechnen können, und ihre Produkte hätten fürs erste zumindest preislich im Wettbewerb mithalten können. Aber wie hätte es mit den Kosten gestanden? Keinem der früheren DDR-Betriebe wären auf die Dauer zwei Überraschungen erspart geblieben. Erstens: A la longue hätte es nicht ausgereicht, die alten Kostenpreise durch den neuen Wechselkurs zu dividieren. Man hätte sich den Preisen der DM-Konkurrenz anpassen müssen, und diese waren sehr viel niedriger. Zweitens: Gerade bei Anpassung an die Preise der Konkurrenz hätte der DM-Erlös nicht ausgereicht, die nach wie vor anfallenden Kosten zu decken. Kurz gesagt: Auch mit einem realistischen Wechselkurs wäre man nicht darum herumgekommen, die Kosten der Konkurrenz anzupassen, das heißt zu senken, und das erreicht man eben nur durch Abbau der Überbeschäftigung, Rationalisierung der Betriebsabläufe sowie Produkt- und Prozeßinnovationen. Bestand doch in der DDR-Wirtschaft durchgängig eine Überbeschäftigung von 15 Prozent, das heißt in den Betrieben arbeiteten 1,5 Millionen Menschen zuviel!

Falsche Produktions-, Beschäftigungs- und Produktivitätsstrukturen lassen sich auf lange Sicht monetär weder verdecken noch überwinden. Der Wechselkurseffekt hätte somit eine Zeitlang vorgehalten, aber dann hätten die Kräfte des gemeinsamen DM-Preis- und -Kostenmarktes gnadenlos entschieden, welcher Betrieb mit welchen Preisen und Kosten im Wettbewerb bestehen kann und welcher nicht.

Das Argument, die Wirtschaft der früheren DDR sei am falschen, möglicherweise gar böswillig falsch festgesetzten Umtauschsatz gescheitert, steht somit auf einem zu kurzen Bein. Wer glaubt, ein anderer, realistischer Umtauschsatz hätte die Wirtschaft der Ex-DDR gerettet, sitzt einer »Wechselkursillusion« auf. Denn die Wirtschaft der früheren DDR hatte, bei welchem Wechselkurs auch immer, langfristig nur die Wahl zwischen zwei Übeln. Entweder wäre sie bei zu hohen Verkaufspreisen an der Unverkäuflichkeit ihrer Produkte gescheitert oder bei monetär herabgesetzten Preisen an deren zu hohen Selbstkosten. Wechselkurs her oder hin: Man hatte immer nur *eine* Chance zu überleben, nämlich sich mit Produkten, Preisen und Kosten in der neuen, von der westlichen Konkurrenz beherrschten Marktwirtschaft zu behaupten. Und diese Chance bestand und besteht eben nicht.

Hätten andere Formen der Währungsunion etwas daran geändert? Schwerlich, denn keine dieser anderen Währungsunionen hätte funktioniert.

Eine Parallelunion von DDR-Mark und DM hätte zu einer permanenten Abwertung der ersteren und einer permanenten Aufwertung der letzteren geführt, und dies schon deshalb, weil die DM als Anlage- und Sparergeld ungleich sicherer gewesen wäre als die zum Sterben verurteilte DDR-Mark. Es wäre also zu einer ratenweisen Verdrängung der DDR-Mark durch die DM gekommen mit einer entsprechenden Verunsicherung der noch mit der DDR-Mark rechnenden und kontrahierenden Betriebe. Ein altes Gesetz besagt: »Das schlechte Geld verdrängt das gute.« Aber dieses Gesetz muß richtig interpretiert werden, gilt es doch nur so lange, wie es noch Dumme gibt, die für schlechtes Geld etwas verkaufen – Waren, Grundstücke, Wertpapiere. Und gerade diese Dummen wären im monetär zunächst noch zweigeteilten Deutschland sehr schnell ausgestorben.

Und eine Währungsunion à la Liechtenstein oder Luxemburg? Glaubt jemand im Ernst, daß die Deutsche Bundesbank willens gewesen wäre, mit der ihr anvertrauten DM zwei konträre Systeme zu finanzieren: ein marktwirtschaftliches im Westen und ein marodes planwirtschaftliches im Osten? Liechtenstein, Luxemburg und andere europäische Kleinstaaten können sich diesen Luxus leisten, weil sie ohnehin nie vorhatten, mit der Notenpresse Staatsdefizite oder, schlimmer noch, Defizite in Staatsbetrieben zu finanzieren.

Das jedoch ist der vielleicht schlimmste Trugschluß im mental noch immer fortwirkenden Sozialismus: daß auch seine reformierten Nachfolgestaaten in Osteuropa unverändert glauben, auf ein effizientes und gerechtes Steuersystem verzichten zu können. Weil es im Sozialismus keine Steuern auf Einkommen geben durfte, verlangte man Produktionsabgaben von Betrieben, und zwar auch dann noch, wenn diese gar nichts mehr abzugeben hatten. In der Agonie des realen Sozialismus finanzierte man diese fehlenden oder ausfallenden Produktions»steuern« dann einfach vor, indem man Geld druckte und es den Betrieben zwecks Erfüllung ihrer Abgaben-Planziele vorstreckte, das heißt man kreditierte die eigenen Inflations»steuern«. In Rußland und in vielen anderen GUS-Staaten macht man es noch immer so und wundert sich, daß die Preissteuerung der Marktwirtschaft versagt. Also stellt man das Preisthermometer wieder ab, indem man die Preise einfriert, und glaubt so, das Inflationsfieber senken zu können.

Erst die Währungsunion in Deutschland hat diesem Währungs- und Steuerbetrug, den auch die DDR bis zu ihrer letzten Stunde betrieb, ein Ende bereitet. Jetzt garantieren Bundesbank und Bundestag, daß unser Gesamtstaat sich nicht an der Währung vergreifen kann, zu schweigen von dem Versuch, mehr Geld auszugeben, als durch ordentliche Steuereinnahmen und parlamentarisch kontrolliertes Schuldenmachen zur Verfügung steht. Gerade den monetär geschädigten Mitbürgern aus der früheren DDR kann dieser Zusammenhang nicht eindrücklich genug vor Augen geführt werden. Erst die Währungsunion hat eine kontrollierte Geldmengen- und Stabilitätspolitik in Gesamtdeutschland möglich gemacht. Und erst die über die Währungsunion auf Gesamtdeutschland ausgedehnte Autonomie der Deutschen Bundesbank stellt sicher, daß die Parlamentskontrolle über die Staatsfinanzen auch wirklich greift. Im neuen Deutschland kann so wenig wie in der alten Bundesrepublik der Staat nach der Notenpresse greifen, was jeder Bürger und Sparer nicht hoch genug schätzen kann!

Welche Schuld trägt also die deutsch-deutsche Währungsunion an der Wirtschaftskatastrophe in Ostdeutschland? Oder gibt es einen Freibrief für sie? Unser Urteil fällt differenzierter aus als das der meisten Kritiker. Ein Zwei-Währungs-Modell im wiedervereinigten Deutschland hätte niemals funktioniert. Insofern gab es keine Alternative zur Einführung der DM in den Beitrittsländern; auch ohne Währungsunion wäre es zum Gebrauch der DM als Parallelwährung in den neuen Bundesländern gekommen. Außerdem hätte der Zuzug zu westdeutschen Erwerbsquellen kaum zu meisternde Dimensionen angenommen. Kurz: Das westliche Deutschland wäre nicht nur von äußerer, sondern auch noch von innerer Zuwanderung überschwemmt worden.

Entscheidend waren freilich die Fehler, die bei der Durchführung der Währungsunion gemacht wurden. Der Eins-zu-eins-Umtausch der persönlichen Sparguthaben mußte und durfte eben nicht bei voller Liquidität, das heißt bei sofortiger Auszahlbarkeit dieser Guthaben, geschehen. Zwar hatten die DDR-Bürger einen unanfechtbaren moralischen Anspruch auf die Erhaltung ihrer ohnehin kümmerlichen Lebensersparnis. Aber: Eine stufen- und tranchenweise Freigabe der neuen DM-Guthaben hätte sowohl die Ausweitung der Geldmenge als auch den nachfolgenden Konsumrausch der ostdeutschen Bevölkerung in Grenzen gehalten, so daß ein Inflationseffekt der DM-Ausweitung und -vermehrung überhaupt nicht aufgetreten wäre.

Zudem erweist sich der Zwei-zu-eins-Umtausch der Geldpassiva, der Betriebsschulden also, noch immer als unbegreiflicher »Job-Killer«, denn er läßt fünfzig Prozent der DDR-Mark-Alt-Schulden in DM stehen und zwingt die mit diesen »Schulden« – es handelt sich weitgehend um bankfinanzierte Steuerschulden und keine Investitionskredite – belasteten Unternehmen respektive ihre Holding, die Treuhandanstalt, zu Zinszahlungen, die man real weder braucht noch erwirtschaften kann.

Mußten in der alten DDR von den volkseigenen Betrieben trotz roter Zahlen Steuern gezahlt, das heißt kreditweise aufgebracht werden, müssen nunmehr – trotz noch röterer Zahlen in den Nachfolgefirmen – diese »Kredite« in DM verzinst werden, und das auch noch zu Sätzen, die gut dreimal höher liegen als in der alten DDR. Begreife dies, wer kann.

Auch wenn inzwischen die Treuhandanstalt den Löwenanteil dieses unechten Schuld- und Zinsendienstes stillschweigend übernommen hat, belastet dieser dennoch die ostdeutsche Volkswirtschaft. Denn die Mittel, welche die Treuhand stellvertretend für die belasteten Firmen über den Kreditabwicklungsfonds an Sparkassen und Banken überweist, damit diese den Sparern ausgezahlt werden, fehlen bei der Investitionsförderung und Unternehmenssanierung. Nirgendwo im Einigungsvertrag steht, daß die Treuhand für den ostdeutschen Sparer tätig werden soll, so berechtigt dessen Ansprüche auch sind. Die Treuhand ist für Investitionen und Arbeitsplätze zuständig; gleichwohl hat sie über 50 Prozent ihrer letztjährigen Nettokreditaufnahmen bei Banken eingezahlt, die daraus ihre Sparkunden bedienten. Wir werden auf diesen fehlerhaften Geldkreislauf noch zurückkommen (in Sünde drei und Auswege Punkt zwei).

Schließlich aber fehlte der deutsch-deutschen Währungsunion von Beginn an jeder Flankenschutz durch eine gegenhaltende und aufbauende Industrie- und Strukturpolitik. Dabei war doch von der ersten Minute an klar: Mit der Währungsumstellung verloren die ehemaligen VEB ihren Markt, mit der Aufwertung ihre Konkurrenzfähigkeit. Also hätte rechtzeitig etwas zum Ausgleich dieser ja von Beginn an voraussehbaren Marktverluste geschehen müssen. Die großzügig bereitgestellten Kreditverbilligungen und Investitionsprämien und -zulagen aus Steuergeldern aber waren das falsche Mittel, denn sie waren ja gewinn- und eben nicht verlustorientiert. Wenn man also schon kein Schubladenprogramm zur regionalen und sektoralen Neustrukturierung zur Hand hatte – ein Defizit, das ausweist, wie wenig die Bundesregierung, diese ebenso wie frühere, je mit dem »Ernstfall« der deutschen Wiedervereinigung gerechnet hatte –, so mußte man eben rechtzeitig nach den Modellen anderer Währungsunionen (Bretton Woods, Maastricht) Mittel für Währungsausgleich und andere Struktur- und Anpassungsschäden bereitstellen.

Jeder Volkswirtschaftsstudent lernt ab dem dritten Semester, daß Währungsunionen immer eine gefährliche strukturpolitische Schlagseite aufweisen. Sie begünstigen die Produktivitäts-Starken, die sich gar nicht oder nur minimal umstellen müssen, und sie benachteiligen die Schwachen, die die volle Last der Anpassung trifft. Denn die Währungsunion nivelliert zwar – konkurrenzbedingt – die Preise, aber eben nicht die Kosten. Anbieter mit zu hohen Kosten fallen daher immer aus dem Markt heraus.

Hinzu kommt, daß die neuen Märkte in den alten Zentren für die Newcomer fremd sind; sie müssen mit hohen Anlaufkosten erschlossen werden und sind mit langen Zugangswegen und dementsprechend hohen Transportkosten belastet. Deswegen sahen professionell konzipierte Währungsunionsmodelle wie das von Bretton Woods oder die diversen Europageld-Pläne immer auch den strikten Ausgleich von Kosten und Produktivitätsunterschieden vor. Dem IWF steht die Weltbank zur Seite, und die Europäische Zentralbank (EZB) à la Maastricht wird, wenn es sie denn geben sollte, von »Kohäsionsfonds« zum Ausgleich solcher Schäden an der Peripherie der EG begleitet sein.

Die deutsch-deutsche Währungsunion vom Juli 1990 sah nichts dergleichen vor. Man sah zwar voraus, daß die Wirtschaft der ehemaligen DDR durch die Einführung der DM – noch dazu mit falschem Umrechnungskurs – in ein »schwarzes Loch« fallen würde, aber traf man nicht die mindeste Vorkehrung, den Aufprall zu mildern, geschweige denn, ihn zu vermeiden.

Deswegen ist die zweite Todsünde der deutschen Wiedervereinigung nicht die Währungsunion als solche. Deren Verdienst ist und bleibt, daß sie den Investitions- und Industriestandort Ostdeutschland in die westliche Weltwirtschaft integriert hat, ein Vorteil, um den alle früheren COMECON-Länder ihren alten Partner beneiden. Wenn diese Integration bislang nur wenig gebracht hat, dann liegt das daran, daß man in Bonn geglaubt hat

und noch immer glaubt, Geld- und Marktwirtschaft seien Selbst-
gänger. Das sind sie zwar, allerdings nur so lange, wie sich alte
und neue Investitionsprojekte auch rechnen. Aus diesem Grund
läßt sich sagen, daß mit der Währungsunion zwar die Vorausset-
zungen für den Geld-, Kredit- und Investitionsfluß in die neuen
Bundesländer geschaffen wurden, aber nicht mehr. Man vergaß,
daß diese weitgehend privaten Mittel erst dann fließen werden,
wenn es Projekte gibt, die sich auch lohnen. Und dafür braucht
man eben Märkte!

Zwar gab es für währungsgeschädigte Ex-DDR-Unternehmen
eine Vielzahl von Hilfen im Einzelfall: Liquiditätskredite der
Treuhand, HERMES-Garantien für GUS-Exporte, obwohl letztere überhaupt nicht mehr bezahlt werden konnten, Lieferauf-
träge und -finanzierungen seitens der öffentlichen Hand. Aber all
das geschah ohne System und nach dem Gießkannenprinzip.
Selbst dort, wo man Nachfrage künstlich und ohne jeden Markt-
zusammenhang schuf, finanzierte man ein Angebot, das nur den
alten Strukturschlendrain fortsetzte statt einen strukturellen Neu-
beginn zu ermöglichen. Ganz auf derselben Linie lag und liegt
noch immer, daß man die, wenn auch nur bedingt vorhandene
Autonomie der Einzelfirmen rigoros beseitigte und sie in den
Einheitstopf der Treuhand warf, die nun alle diese Einzelverluste
global und kaum noch zurechnungsfähig»sozialisiert«; denn das
Kürzel THA steht für eine Art Sozialismus mit marktwirtschaftlichen Mitteln – und ist dementsprechend ineffizient und teuer.

Die zweite Todsünde der deutschen Wiedervereinigung besteht also darin, daß man die Anpassungs- und Strukturkosten
der deutsch-deutschen Währungsunion total unterschätzt und für
keine wirksame Abhilfe gesorgt hat. Auf einem anderen Blatt
steht, daß mit der Treuhand und ihrem Auftrag der falsche Weg
des Ausgleichs beschritten wurde, indem man einer etatistischen
Lösung den Vorzug gab gegenüber einer unternehmerischen,
marktwirtschaftlichen. Doch darüber gleich noch mehr.

Dritte Sünde:

Die unschöpferische Zerstörung
und ihr Agent – das Dilemma
der Treuhand

Mit der Einführung der DM wurde die DDR räumlich in das westliche – und keineswegs nur westdeutsche – Marktgebiet integriert. Mit der Treuhandanstalt, einer Gründung der Regierung Modrow aus der Spätphase der DDR, sollte die tragende Säule der Marktwirtschaft auf dem Boden des vordem kommunistischen Deutschland errichtet werden: das Privateigentum an den ehemals »volkseigenen« Produktionsmitteln der DDR, ihrem Produktivkapital. Das Konzept verrät mehr marxistisches Denken, als seinen Verfassern bewußt war. Für einen Marxisten markiert das Privateigentum den Rubikon zwischen Sozialismus und Kapitalismus; wer ihn überschreitet, so meint er, befindet sich in einem anderen System. Das Grundgesetz marktwirtschaftlicher Dynamik besteht jedoch darin, neues Produktivvermögen zu schaffen, keineswegs aber darin, altes – das ausgedient hat – vom einen Wirt auf den anderen übergehen zu lassen.

Marxisten müssen lernen, daß Marktwirtschaft mehr ist als Privateigentum an den Produktionsmitteln. Marktwirtschaft basiert auf bürgerlichem Recht, auf verläßlichem Geld, auf einer Kreditwirtschaft, die Geldvermögen (Ersparnisse) in Sachkapital (Investitionen) transformiert, auf preislich gesteuerten Märkten, die die Knappheit der Güter und den Grad der Nachfrage signalisieren. Aber dieser Institutionenkranz der Marktwirtschaft wäre leblos, benutzten ihn nicht Menschen in der Bereitschaft, über Leistungsanreize von Entgelt bis Privateigentum hart zu arbeiten, etwas zu wagen und auch das von jeder Eigenleistung, Initiative und Verantwortung nun einmal untrennbare Risiko mitzutragen. Insoweit wären die Treuhand und ihr Privatisierungskonzept nur ein Instrument – wenn auch ein wichtiges – für die Umwandlung der DDR-Planwirtschaft in eine Marktwirtschaft westlicher Prägung.

Aber da nach dem Beitritt die übrigen Elemente und Institutionen der westdeutschen Marktwirtschaft – das Rechtswesen, die DM oder die Banken, auch die von allen Kontrollen und Produktionsauflagen freigestellten Märkte und Preise – qua Einigungsvertrag in der früheren DDR eingeführt worden waren, erschien die Konzentration der Wiedervereinigungsaktivitäten auf die Treuhand irgendwie natürlich. Nur: sie war und ist es in keiner Hinsicht. Denn wichtiger als die marktwirtschaftliche Weiterverwertung des DDR-Alt-Vermögens und -Uralt-Vermögens ist oder wäre der Aufbau eines neuen, modernen und effizienten Kapitalstocks. Aber gerade da fühlt sich die Treuhand nicht zuständig. Ja, man kann noch weitergehen und sagen: Durch die Aktivität der Treuhand, durch die Energie, die sie bindet, und das Geld, das sie verschlingt, gerät diese Aufgabe – die erste und wichtigste für den Neuaufbau Ostdeutschlands – über Gebühr ins Hintertreffen.

Als die Treuhand im März 1990 gegründet wurde, veranschlagte man den Wert des von ihr verwalteten DDR-Produktivvermögens auf 1,5 Billionen DM, eine Summe, die – wenn man sie aus Verkäufen an Private hätte erlösen können – ausgereicht hätte, den deutschen Gesamtstaat von allen seinen Schulden freizukaufen. Ja, mehr noch: Zum damaligen Zeitpunkt wäre sogar ein Überschuß daraus geworden. Die Privatisierung der Planwirtschaft wäre also ein glänzendes Geschäft gewesen; der deutsche Sozialismus hätte den deutschen Kapitalismus entschuldet.

Als nach der Währungsvereinheitlichung im Juli 1990 der erste westdeutsche Chef der Treuhand die Bewertungsansätze seiner Vorgänger überprüfte, fiel sein Urteil wesentlich nüchterner aus. Karsten Detlev Rohwedder rechnete nur noch mit 600 Milliarden DM Überschuß nach Abwicklung und Verkauf des DDR-

Produktivvermögens. Inzwischen – das heißt im Herbst 1992, nachdem die DM-Eröffnungsbilanz der Treuhand endlich erstellt worden ist und mit einem negativen Vermögensstatus von 209 Milliarden DM abschließt –, belaufen sich die Verluste allein aus laufenden Geschäften auf etwa 80 Milliarden DM. Die gegenwärtige Treuhand-Leitung geht davon aus, daß sie sich bis zum Ende des Abwicklungszeitraums (1994/95) auf bis zu 250 Milliarden DM und mehr summiert haben werden. Aber das ist noch längst nicht alles. Zur Konkursmasse der früheren DDR kommen zusätzlich die Alt-Schulden-Hypotheken des innerdeutschen Kreditabwicklungsfonds – er verwaltet die finanzielle Hinterlassenschaft der ehemaligen DDR – mit derzeit rund 150 Milliarden DM sowie der übrigen Schattenhaushalte, Fonds deutsche Einheit und die Haushalte der DDR-Wohnungswirtschaft mit weiteren rund 150 Milliarden DM. Allein aus diesen Verpflichtungen, die demnächst vom Bund übernommen werden müssen, ergibt sich eine Ausweitung der Staatsschuld um mehr als fünfzig Prozent.

Die Liquidation des Sozialismus auf deutschem Boden stellt inzwischen sogar die Aufnahme Deutschlands in die für 1999 geplante Europäische Währungsunion in Frage, denn die dort gesetzten Limits – keine laufende Staatsverschuldung um mehr als drei Prozent und keine austehende Staatsschuld von mehr als sechzig Prozent des Bruttosozialprodukts – sind mit solchen Zahlen kaum noch einzuhalten.

Schon die Zahlen lassen keinen Zweifel: Die Treuhand ist das teuerste Projekt der Wiedervereinigung. Daran ändert leider auch nichts die auf sozialistische Mengen statt auf marktwirtschaftliche Werte gerichtete Erfolgsberichterstattung des Unternehmens selber: Von ursprünglich 8 000 VEB (inzwischen hat sich die Zahl durch Teilung, Reorganisationen und Abspaltungen auf über 12 000 erhöht) konnten bis zum Spätherbst 1992 mehr als 9 000 Einheiten »eigentumsrechtlich transformiert« werden. Im Klartext: Noch 3 800 Unternehmen mit einer knappen Dreiviertelmillion Beschäftigter müssen in den nächsten zwei Jahren privatisiert oder mehr oder minder stillgelegt, das heißt sozialverträglich liquidiert werden.

Rechnet man in den Ursprungszahlen, hat die Treuhand in ganzen drei Jahren gerade die Hälfte der früheren VEB an den Mann gebracht und dabei noch kräftig Steuergeld drauf- und dazugelegt. Ein Verschenken zum symbolischen Preis von DM 1,– je Betrieb wäre für alle billiger gewesen – für den Staat, den Steuerzahler und nicht zuletzt für die DM.

Gewiß: Wenn es auch keine mildernden Umstände gibt, so gibt es doch erklärende. In den drei Jahren ihrer Existenz ist aus der Treuhand etwas gänzlich anderes geworden, als ursprünglich geplant gewesen war. Der Welt größter Wirtschaftskonzern, bestehend aus mittlerweile über 12 000 Einzelunternehmen und einer Bilanzsumme von 521 Milliarden DM, geschaffen in der Absicht, sich eines Tages selbst aufzulösen, hat längst aufgehört, sein eigener Liquidator und Konkursverwalter zu sein. Um die Privatisierung nicht zum Notverkauf zu machen – man wollte schließlich sowohl die Kapital- wie die Arbeitsplatz- und Einkommensverluste so gering wie möglich halten –, durfte in begründeten Fällen »saniert« werden, was nichts anderes hieß, als daß eine Vielzahl von Firmen trotz Defizit und Konkursreife unter erheblichem Eigenaufwand von Treuhand-Mitteln fortgeführt wurde. So wurde aus dem Konkursverwalter ein Konkursverschlepper, ein im sozialen Auftrag operierender Beschäftigungsagent. Denn was immer die Treuhand an verdeckten Kosten der Arbeitslosigkeit übernahm, sparte man im Sozialbudget an Mitteln für die Arbeitslosen- und Sozialhilfen.

Hinzu kommt etwas anderes: Die aus der Modrow-Ära überkommene Treuhand tritt zunehmend in Konkurrenz mit den Kompetenzen und Plänen der neuen Bundesländer und ihrer Kommunen. Was immer sich letztere an Programmen und Projekten der Infrastruktur-, der regionalen wie sektoralen Struktur- und Förderpolitik ausdenken, muß zuerst mit der allmächtigen und überall präsenten Treuhand abgestimmt werden. Und obwohl es auf der Hand liegt, daß die Treuhand in den neuen Bundesländern eine Art Superministerium für länderübergreifende Wirtschaftsplanung darstellt, was strenggenommen schon jenseits parlamentarischer Kontrolle und Einbindung steht, fehlt es an einer wirksamen Verzahnung der beiden Ebenen. Die Länder und Gemeinden müssen Neues aufbauen – reindustrialisieren und netto-investieren. Die Treuhand ist gehalten, Altes abzubauen – zu deindustrialisieren und zu reinvestieren. Eine an rascher und nachhaltiger Erneuerung, Modernisierung und marktwirtschaftlicher Rationalisierung der ostdeutschen Wirtschaft orientierte Struktur- und Entwicklungspolitik konnte bei diesem Durch- und Gegeneinander der Aufgaben, Zielvorstellungen und Kompetenzen wohl kaum herauskommen.

Die Treuhand ist in ihrer Mischmasch-Funktion als Liquidator, Verkaufsbörse, Sanierer und Schattenhaushalt der Industrie- und Arbeitsmarktförderung in vielfacher Weise überfordert. Erstens personell: Die Führung der Treuhand, eine Art Offizierskompanie, rekrutiert sich überwiegend aus der Mikroökonomie, der Welt der Firmen, aus geschulten Managern, Wirtschaftsprüfern, Buchhaltern, Marketing-Spezialisten und Bankern, deren Sicht und Job eben die Firma ist, nicht jedoch deren sozial-ökonomisches oder -ökologisches Umfeld. Je politischer daher die Maßstäbe und Kriterien der Arbeit werden – je nachdem, ob ein Betrieb verkauft wird und an wen und zu welchem Preis, ob er saniert wird oder nicht, und wenn ja, mit wieviel Geld –, desto größer wird unweigerlich der Ermessensspielraum der Entscheidenden. Sollen sie diesem oder jenem Bieter den Zuschlag erteilen, sollen sie Gesichtspunkte der landes- oder gemeindepolitischen Opportunität berücksichtigen oder nicht, sollen sie Weisungen aus Bonn beachten?

Daraus folgt zweitens, funktional: Was als Einstieg in die Marktwirtschaft gedacht war, entpuppt sich zunehmend als Fortsetzung des Sozialismus mit anderen Leuten und Zielen, vor allem aber mit sehr viel mehr Geld – Geld des Steuerzahlers notabene. Der Treuhand fehlt als Konkursverwalterin die strenge Bindung an das einschlägige Recht, an seine Regeln, Auflagen,

Fristen. Als Verkaufsbörse für zum Teil gewaltige und durchaus werthaltige Ressourcen der Volkswirtschaft, welche von Immobilien bis zu festem Sachkapital reichen, ganz abgesehen von den erfahrenen und geschulten Belegschaften, bedient sich die Treuhand nicht etwa der für Börsen charakteristischen offenen, transparenten und durch strenge Publizität kontrollierten Märkte. Vielmehr fällt sie ihre Entscheidungen nach eigener Einsicht, ein Vorgang, der zwar keineswegs in dunklen Kammern, aber eben nicht in öffentlichen Sitzungen stattfindet. Die Allgemeinheit, die Presse und alle übrigen Medien eingeschlossen, erfährt von diesen Entscheidungen erst im nachhinein und zudem äußerst selektiv. Ein unrühmliches Paradebeispiel ist in diesem Zusammenhang die Behandlung des sogenannten Alt-Schulden-Problems der Betriebe, auf das wir gleich noch zurückkommen werden.

Man muß weder ein Insider noch ein Freund übler Nachrede sein, um voraussagen zu können, daß es in Sachen Treuhand schon bald ähnliche Korruptionsfälle und -verfahren geben wird wie bei der Neuen Heimat oder der Coop. Industrie- und Finanzvermögen dieser Größenordnung verleiten nun mal zur »Vorteilsnahme«, wenn die Veräußerung, unberührt von jeglicher Markt- und Publizitätskontrolle, in Gremien stattfindet, für die weder die strengen Regeln des privatkapitalistischen Aktien- noch des parlamentarischen Budgetrechts gelten. Die Treuhand wird weder als AG noch als öffentlich-rechtlicher Regiebetrieb geführt, sondern als Spezialabteilung des Bundesfinanzministeriums. Man weiß schon heute, wie sich dieser oberste Dienst- und Kontrollherr im Falle der zu erwartenden Beschuldigungen rechtfertigen wird: Er habe von all dem nichts gewußt! Und das dürfte sogar stimmen.

Das bringt uns, drittens, zur »unschöpferischen« Rolle der Treuhand als Instrument für den Wiederaufbau des deutschen Ostens. Laut Schumpeter vollzieht sich jede marktwirtschaftliche Entwicklung im Zuge eines schöpferischen Stirb-und-Werde: Altes muß verschwinden, notfalls durch Konkurs, damit

Neues – unter Einbeziehung des überkommenen, aber neubewerteten Kapitals – an seine Stelle treten kann. Aus überschüssiger Landwirtschaft wird Industrie, aus überschüssiger Industrie die bunte Palette der diversen Dienstleistungssektoren, ein Prozeß unausgesetzter schöpferischer Zerstörung, in dessen Verlauf stets zweierlei zu verzeichnen ist: eine »Andersverwendung der Arbeit«, die aus den alten Sektoren in die neuen wandert, und eine Senkung der Produktionskosten qua Produktivitätsfortschritt. »Die Volkswirtschaft produziert nach jedem Aufschwung die Produkteinheit mit geringerem Aufwand an Arbeit und Boden« (Schumpeter), also billiger für alle Beteiligten. So steigt deren Realeinkommen und -versorgung.

Wo aber ist der Beitrag der Treuhand zur Andersverwertung der ostdeutschen Arbeitskraft? Schließlich wissen wir, daß diese reichlich, ja überschüssig vorhanden ist. Und wo ist ihr Beitrag zur Erhöhung der volkswirtschaftlichen Produktivität in der ehemaligen DDR, die nicht gestiegen, sondern gefallen ist, denn der Produktionseinbruch war bislang ja noch stärker als der Einbruch bei den Beschäftigtenzahlen.

Die Treuhand hat vieles gründlich zerstört, aber kaum etwas schöpferisch aufgebaut. Statt die ihr anvertrauten Betriebe Schritt für Schritt in die Marktwirtschaft einzuführen, hat sie den letzten Rest von Überlebens- und Umstellungsenergien in den alten VEB systematisch abgetötet. Wenn Führung und Belegschaft einer solchen Unternehmung wissen, daß sie so oder so auf der Verkaufsliste der Treuhand stehen – warum sollen sie sich denn noch anstrengen, warum sich um neue Konzepte und Märkte kümmern?

Ein Großteil der in der früheren DDR registrierten Lethargie entspringt durchaus der demotivierenden Einsicht, daß dank der Treuhand die Tage des alten Unternehmens und Arbeitsplatzes ohnehin gezählt sind.

Selbst da, wo die Treuhand scheinbar unternehmerisch in die Bresche springt und den aus den Alt-Schulden der DDR-Betriebe entstehenden Kosten- und Ertragsdruck großzügig übernimmt, stiftet sie gesamtwirtschaftlich mehr Schaden als Nutzen – denn sie konserviert Altes, statt etwas Neues zu wagen.

Man versteht freilich das ganze Problem nur aus seiner Vorgeschichte. Betriebsschulden hatten im Sozialismus nichts, aber auch gar nichts mit der Kreditfinanzierung von Investitionen zu tun. Überwiegend handelte es sich um kreditweise finanzierte Zahlungen an das System. Wir sahen bereits: Steuern wurden in der DDR wie in den anderen sozialistischen Bruderländern in Form von Betriebsabgaben auf Produkt und Produktion erhoben. Setzte der Betrieb nicht mehr genügend ab oder steckte er aus anderen Gründen in den roten Zahlen, mußte er trotzdem zahlen, denn das System war auf seine »Steuer«eingänge angewiesen. Der Einfachheit halber finanzierte das Staatsbankensystem der DDR diese Steuerschulden durch Kredite an die Staatsbetriebe vor: aus mehr oder minder offener, aber durch die Preiskontrolle zurückgestauter Inflation – Kreditschöpfung und Notendruck. Diese »Kredite«, die das System sich selber gewährte und mit denen es zu einer ganz und gar unordentlichen und in hohem Maße inflatorischen Staatshaushaltsfinanzierung beitrug, beliefen sich am Stichtag der Währungsumstellung auf die knapp 398 Milliarden Mark der DDR. Unter weitgehender Zugrundelegung des für Geldpassiva geltenden Umtauschsatzes von 2 : 1 wurden sie daraufhin auf rund 181 Milliarden DM umgestellt, genauer gesagt »revalorisiert«.

Nach wirtschaftlicher Logik in jedem Sinne hätte es sich angeboten, diese »Kredite« ersatzlos zu streichen, und zwar auf beiden Seiten der Bilanz. So wie der Geldumlauf in DDR-Mark – ein Passivposten der dortigen Notenbank, die samt ihrer Bilanz und Währung unterging –, so hätte auch die »Kredit«-Forderung der Staatsbank, einer Tochter dieser Notenbank, still ausgebucht werden können. Sowohl der DDR-Fiskus als auch seine Staatsbanken, die dessen Forderungen in der alten Währung verwalteten, waren ja sang- und klanglos untergegangen. Warum also die Ansprüche eines abgelegten Systems, die wie Hypotheken auf der nunmehr befreiten, aber marktwirtschaftlich zu sanierenden Wirtschaft lasteten, umstellen, weiterführen und verzinsen?

Man begreift diesen Unsinn nur, wenn man zweierlei weiß: Erstens »durften« Sparer in der DDR ihr Geld zwar bei Sparkassen und Genossenschaftsbanken anlegen, nämlich gegen eine mäßige Verzinsung von drei Prozent im Jahr. Doch diese Sparinstitute waren gezwungen, das Geld bei der Staatsbank einzuzahlen – zwecks Kreditkontrolle, weil nur die Bank als zentraler Geldgeber der DDR-Wirtschaft auftreten sollte, niemand anderes. Die Sparer hatten also Forderungen an ihre Institute, diese aber wiederum solche an die DDR-Staatsbank, die eigentliche Drehscheibe für die Zahlungen zwischen DDR-Wirtschaft und -Fiskus.

Das zweite, ganz und gar westdeutsche Faktum ist der gebrochene Umtauschsatz bei der Einführung der DM: 1:1 für die Masse der persönlichen Ersparnisse, 2:1 (statt 1:0) für die Alt-»Schulden« der DDR-Betriebe und auch für die Forderungen an die in Liquidation befindliche Staatsbank. Und warum?

Der gebrochene Umtauschsatz hatte bei den inzwischen in westdeutsche Regie übergegangenen Sparkassen und Genossenschaftsinstituten eine buchhalterische Bilanzlücke aufgerissen: fünfzig Prozent der ursprünglichen Deckungsmasse, nämlich Forderungen an die DDR-Staatsbank, fehlten; denn auch die »Betriebsschulden« dieser Bank waren ja im Verhältnis von 2:1 abgewertet worden. Das dabei entstandene Loch war nach dem bewährtem Muster der Erhardschen Währungsreform von 1948 durch sogenannte Ausgleichsforderungen des Bundes geschlossen worden, eine fiktive Staatsschuld, die lediglich verzinst zu werden brauchte. Eine hundertprozentige Streichung der Forderungen der Sparinstitute hätte zwar eine gleichfalls hundertprozentige Streichung von deren Forderungen an die DDR-Wirtschaft ermöglicht, das heißt, deren unechte Alt-Schulden-Hypothek wäre ebenso weggefallen wie die Tilgung und Verzinsung jener Summen. Aber all das wäre eben nur um den Preis einer weiteren, fünfzigprozentigen Aufstockung der Ausgleichsforderungen der Sparinstitute gegen den Bund möglich gewesen.

Man muß vermuten, daß es dem Bundesfinanzminister nur

um folgendes ging: Um die – noch dazu fiktiven – Fiskalkosten der deutschen Einheit möglichst gering erscheinen zu lassen, wurden allein die *de lege* – das heißt aufgrund des Umstellungsgesetzes – untergegangenen Betriebsforderungen und -schulden ersetzt, nicht dagegen diejenigen, die man aus Gründen der ökonomischen wie monetären Vernunft außerdem hätte streichen müssen. Statt dessen operierte der Bundesfinanzminister mit dem Trick, den Sparern und ihren Instituten eine Forderung zu verschaffen oder zu belassen, die nach dem Konkurs der Geld-, Finanz- und Staatswirtschaft der DDR eigentlich untergegangen war. Dies belastet nun seit 1990 die Betriebe der ehemaligen DDR zwar nominell »nur« in halber Höhe, da fünfzig Prozent der Schulden ja legal bei der Umwandlung von DDR-Mark in DM gestrichen worden sind. Nur daß diese anderen fünfzig Prozent inzwischen in DM zu Buche stehen und marktgerecht verzinst werden müssen, also etwa dreimal höher als bisher!

Man kann nur mit Polonius aus dem »Hamlet« seufzen: »Ist dies schon Tollheit, hat es doch Methode.« Die mit der realen Umstellung kämpfende Wirtschaft der früheren DDR muß auch noch die Kosten einer falsch konzipierten Währungsreform und -umstellung tragen: Alt-Schulden in Höhe von über 180 Milliarden DM, die allein an Zinsen zwischen 12 und 18 Milliarden DM kosten dürften – weit davon entfernt, eine Markt- und Wettbewerbshilfe zu sein.

Und die Treuhand? Sie übernimmt großzügig für all diejenigen Betriebe, die diese »Schulden« nicht bedienen können, deren Zahlungsverpflichtungen. Im Jahre 1991 waren das, nach vagen Angaben von Treuhand-Managern vor der Presse, etwa 12 Milliarden DM, praktisch die Hälfte des gleichzeitigen Treuhand-Defizits. Im Zinssteigerungsjahr 1992 dürfte die Summe eher höher als niedriger ausgefallen sein.

An diesem Hilfs- und Übernahmekonzept stört dreierlei: Erstens verwendet die Treuhand ihr eigenes Geld falsch. Sie soll damit die Alt-Betriebe der DDR, die es bitter nötig haben, fördern, umstellen, sanieren, verkaufen – aber es nicht für Sparer einsetzen, die zwar auch einen Rechtsanspruch auf Verzinsung ihrer Guthaben haben, doch nicht gegenüber der Treuhand, sondern gegenüber ihren Banken, so wie diese wiederum gegenüber dem Bund.

Zweitens bedeutet die Belastung der alten DDR-Wirtschaft mit Alt-Schulden, selbst wenn die Treuhand diese bezahlt, einen Klotz am Bein ihrer Verwertbarkeit. Denn obwohl der Käufer eines solchen Betriebes dessen Schulden vom Kaufpreis abziehen kann, muß er sich doch sicher sein, daß die auf dem Unternehmen lastenden Hypotheken auch wirklich gelöscht sind; Treuhand und Gläubigerbanken müssen ihm bestätigen, daß keine Nachforderungen bestehen oder wieder aufleben können. Das aber wirkt jeder Beschleunigung oder Erleichterung der Verhandlungen geradewegs entgegen.

Drittens müssen sich Treuhand wie Bundesfinanzminister den Vorwurf wechselseitiger Bilanz- beziehungsweise Budgetkosmetik gefallen lassen. Die Treuhand verbucht die Alt-Schulden »ihrer« Betriebe sowohl als Obligo – denn sie übernimmt sie ja – wie als Forderung gegenüber der Tochter, aber als eine Forderung, für welche, weil dubios, spezielle Rücklagen gebildet werden müssen; wenn das jedoch geschieht, bindet und zweckentfremdet es weiteres Geld. Wird dann verkauft, verschwindet mit den Betriebsschulden auch wieder ein Stück Aktiv- und Eigenkapital der Treuhand, die somit ständig mit einer manipulierten Bilanz arbeitet, und dies auch noch aus ganz überflüssigen Gründen. Umgekehrt verfälscht der Bundesfinanzminister seinen den gesetzgebenden Körperschaften vorzulegenden Etat um die bei der Treuhand abgestellten Kreditübernahmen und Sparergarantien; er weist weniger Ausgleichsforderungen und Zinsverpflichtungen aus, als er müßte – mit anderen Worten: er benutzt (oder mißbraucht) den Schattenhaushalt der Treuhand, um seinen zu entlasten.

Können die Treuhand und ihre Leitung etwas dafür, daß es dieses Institut mit all jenen Mißbrauchsabsichten, -gefahren und -möglichkeiten gibt, daß man fast von einer Gleichsetzung der

Treuhand mit den Kosten und Mißerfolgen der deutschen Einheit sprechen kann?

Es ist nicht bekannt geworden, daß die Treuhand und ihre Leitung Regierung wie Öffentlichkeit jemals darüber aufgeklärt hätten, was alles im Namen und unter Benutzung ihrer Instrumente geschehen ist und noch geschehen könnte. Nur: Wenn jemand diese umstrittene Anstalt zu reformieren und zweckgerechter umzufunktionieren wüßte, dann doch wohl der eigene Beritt! Insofern müssen es sich die Verantwortlichen der Treuhand gefallen lassen, selber als Teil der dritten Todsünde deutscher Wiedervereinigung benannt zu werden, die darin besteht, daß der mit der Treuhand verfolgte Königsgedanke, nämlich die Umwandlung der DDR-Planwirtschaft in eine Marktwirtschaft, gründlich verfehlt worden ist.

Man wollte die Wirtschaft im deutschen Osten nicht einfach an das Volk verschenken, wie es in anderen Ländern des ehemaligen Ostblocks geschieht, auch wenn dieses Volk mit seiner Arbeitskraft und seiner ungewollten Ersparnis jene Wirtschaft in vierzig langen und entbehrungsreichen Jahren geschaffen und aufgebaut hatte. Man wollte vielmehr mit dem Verkauf an Private und Ausländer jene begehrtesten und knappsten Faktoren für sich gewinnen, die bei der Sanierung derzeit sonst überall im Osten Europas fehlen: unternehmerisches Geld, Wagnis und Know-how. Und wenn dieses Konzept ein Fehlschlag geblieben ist, ein Fehlschlag sehr zum Schaden Ost- wie Westdeutschlands, dann liegt die Schuld daran nicht allein bei den Vätern, sondern eben auch bei den Betreibern der Treuhand – ihrem Tun wie ihrem Unterlassen. Das ist ein Vorwurf, mit dem sich, kein Zweifel, die Treuhand-Manager früher oder später werden auseinandersetzen müssen.

Bonner Versagen, Frankfurter Echo – läßt sich die Marktwirtschaft exportieren?

Vor dem Zweiten Weltkrieg setzten West- wie Ostdeutschland gut die Hälfte ihrer regionalen Brutto-Inlandsprodukte auf den Märkten des anderen ab. Deutschland Ost und West waren damals, was Produktionssortiment und Standorte betrifft, weitgehend komplementär, und es gab keinen nennenswerten Exportüberschuß von West- gegenüber Ostdeutschland. Mit der deutschen Spaltung änderte sich das radikal. Der innerdeutsche Handel machte von da an nur noch einen Bruchteil des alten Güteraustauschs zwischen beiden Regionen des alten Reiches aus. Wir sahen schon, weswegen: Die beiden neuen, zunächst monetär, dann politisch und von der Wirtschaftsverfassung her getrennten Volkswirtschaften hatten sich jeweils von einander unabhängig gemacht. Die BRD hatte das ihr bislang fehlende Produktionsbein für Agrar- und Konsumgüter, die bislang vorwiegend aus Ostdeutschland gekommen waren, nachwachsen lassen, die DDR hatte ihre eigene – bislang unterentwickelte – Schwer- und Investitionsgüterindustrie ausgebaut.

Dennoch erwies sich die BRD gegenüber dem Nachbarn und Konkurrenten als überlegen in Technik, Qualität und Kosten. Die Marktwirtschaft bot den Westdeutschen etwas, was die Planwirtschaft den Ostdeutschen zunehmend schuldig blieb: exorbitante Produktivitätssteigerungen aufgrund wachsender Kapitalbildung. Nicht, daß die Westdeutschen durchweg engagierter und härter gearbeitet hätten als ihre Kollegen in der anderen Hälfte des Landes. Es war die zunehmend bessere und aufwendigere Kapitalausstattung pro Arbeitsplatz und -kraft, in der man die eigentliche und letzte Ursache ihrer höheren Arbeitsleistung sehen muß.

Ein System, das wie das ostdeutsche seinen Bürgern Privateigentum, Wertpapiere, attraktive Zinsen und Renditen verweigert, kann nicht mit hoher Ersparnis rechnen. Und tatsächlich machte die persönliche Ersparnis der DDR-Bürger aus vierzig Jahren Sozialismus, als sie am Währungsstichtag im Verhältnis 1:1 umgestellt wurde, mit nominell 182 Milliarden DDR-Mark – sie wurden am 1. Juli 1990 auf insgesamt 123 Milliarden DM umgestellt – nur etwa zwei Drittel einer Jahressparleistung der damaligen Bundesbürger West aus. Ein System, das seinen »volkseigenen« Managern keine risikobehafteten Produktions- wie Investitionsentscheidungen zutraut und sie auch nicht mit Erfolgsprämien belohnt, wenn sie überdurchschnittliche Ergebnisse erzielen, darf sich nun einmal nicht wundern, wenn der ohnehin knappe Faktor Kapital dann auch noch verschwendet beziehungsweise alles andere als günstig verwendet wird.

Kapitalmangel, Unterproduktivität und ein Realeinkommen, das immer erkennbarer hinter westlichen Standards zurückblieb, wurden so zunehmend zum Markenzeichen der systemimmanenten Schwäche des Planwirtschaftssozialismus. Als die Leute in der DDR und im übrigen Osteuropa merkten, wie wenig sich in »ihrem« System das Arbeiten lohnte, begannen sie, dieses leichter zu nehmen. Nur: Die für alle realsozialistischen Regime charakteristische Lethargie am Arbeitsplatz hat weit mehr mit einer Art systemtypischen Streiks als mit Faulheit zu tun.

In der Bundesrepublik Alt war das bekannt, als die Mauer fiel und Deutschland im Sommer 1990 – zunächst monetär – wiedervereinigt wurde. Mit der Gültigkeit der DM in West- und Ostdeutschland entstand ein gemeinsamer deutscher Binnenmarkt. Und in diesem Markt trat ab sofort jenes Gesetz in Kraft, das für alle Währungsunionen Gültigkeit besitzt, auch für die ab 1999 im gemeinsamen Europa geplante: das Gesetz nämlich, daß nur der jeweils Produktivitätsstärkste das Rennen machen wird. Denn: Bei markt- und konkurrenzbedingten DM-Preisen enthält den Zuschlag immer der Anbieter mit dem sowohl billigsten wie besten Produkt, und wer trotz hoher Preise minderwertige Ware anbietet, macht sehr schnell die Entdeckung, daß er keinen Markt mehr hat.

Aus diesem Grund vermochte die Einführung der DM und der sozialen Marktwirtschaft in der früheren DDR zwar über Nacht die Qualität des Lebens enorm zu verbessern; man hatte mehr Geld und ein spürbar höheres Realeinkommen, außerdem die Freiheit zu reisen, wohin man wollte. Aber eines vermochte die DM nicht: Sie konnte nicht das Überleben der DDR-Wirtschaft in ihren überkommenen Strukturen, Standorten und Belegschaftszahlen garantieren.

Lange bevor die traditionellen Exportmärkte dieser Wirtschaft im früheren COMECON mit diesem zusammenbrachen, hatte man bereits die Schlacht um den Zugang zu den Westmärkten verloren, zu den innerdeutschen ebenso wie zu den ausländischen. Nicht trotz, sondern wegen der Einführung der westdeutchen Marktwirtschaft in Ostdeutschland mußte die dortige Wirtschaft aufgeben, mußte sie aufgegeben werden. Sie hatte nicht den Hauch einer Wettbewerbschance an den von produktivitätsstarken Produzenten beherrschten Westmärkten.

Was war das nun: sozialistische Mißwirtschaft oder westlicher, speziell westdeutscher Imperialismus in seiner rüdesten Form? Genau besehen weder das eine noch das andere.

In Wahrheit bestätigte sich nur die Unvereinbarkeit beider Systeme. Denn der Sozialismus hatte nur unter der Bedingung eine Chance, daß er nicht im Wettbewerb mit der kapitalistischen Marktwirtschaft stand, wie sich dann auch umgekehrt die Marktwirtschaft beim Zusammenprall beider Systeme ohne jeden Imperialismus – das heißt, ohne jeden Machteinsatz – dank der Produktivitätsführerschaft ihrer Produzenten durchgesetzt hat. Einen Schutz durch »Imperialismus« hatte sie nicht nötig.

Auf diese Weise entstand zwar in der früheren DDR über Nacht eine zivile Gesellschaft mit Freiheit, Geld, Rechts- und Wohlfahrtsstaat, die weder den Apparat der Staatssicherheit duldete noch tatenlos zusah, wenn Menschen – aus welchen Gründen auch immer – ihre Existenz verloren; statt dessen fing man diese in sozialen Netzen auf. Und doch ging, andererseits, der Markt der früheren DDR unter im Vertriebsnetz westlicher Lieferanten und Händler, so daß von einer autochthonen Produktion in diesem »eroberten« Markt von da an nicht mehr die Rede sein konnte. Was immer dort an Arbeitsplätzen, Einkommen und beruflicher Perspektive geboten worden war, war in der Nacht nach der Währungsunion und dem Inkrafttreten des gemeinsamen Marktes mehr oder minder gegenstandslos geworden.

Aus Ostdeutschland war eine Absatzregion der westlichen Weltwirtschaft geworden, aus den Ostdeutschen ein Heer von Konsumenten mit weitgehend öffentlich (und westdeutsch) garantiertem Einkommen. Vorbei waren die Tage, da sich die Ostdeutschen, und sei es noch so bescheiden, aus eigener Wertschöpfung und Produktion ernähren konnten.

Es entbehrt nicht der Ironie, daß das »Danaer«-Geschenk der deutschen Einheit gerade von jener Bundesregierung beschlossen wurde, die sich am entschiedensten von dem US-inspirierten Wirtschaftsmodell der Angebotsökonomie (*supply side economics*) hatte leiten lassen – von der Vorstellung nämlich, daß bei möglichst gering zu haltender Staatsquote (das heißt dem Anteil der Staatsausgaben am Bruttosozialprodukt) in erster Linie private Produktions- und Investitionsinitiativen zu fördern seien. Statt nämlich mit diesem Konzept, das zumindest inner- und gesamtdeutsch nicht ganz falsch gewesen wäre, die deutsche Wiedervereinigung anzugehen, machte man massive Anleihen beim ideologischen und wirtschaftspolitischen Gegner.

Der weitgehend durch Schulden finanzierte Einkommens- und Kaufkrafttransfer, der noch vor Inkrafttreten des deutschen Einigungsvertrages am 3. Oktober 1990 einsetzte und der das gesamtdeutsche Bruttosozialprodukt inzwischen mit mehr als fünf Prozent belastet, machte aus den Fiskalkosten der deutschen Einheit ein super-keynesianisches Konjunktur- und Beschäftigungsprogramm West. Die in den deutschen Osten transferierte

Kaufkraft kehrte postwendend als Nachfrage nach westlichen Konsum- und Prestigegütern, die von Lebensmitteln über Autos bis zu Ferienreisen reichten, in den Westen zurück. So boomte es in Westdeutschland zwischen 1990 und 1992 in den Unternehmerkassen und am Arbeitsmarkt. Und was die Wirtschaft dort nicht bewältigen konnte, gab sie großmütig an das gern liefernde Ausland ab. Schon Anfang 1991 verflüchtigte sich daher der für die alte Bundesrepublik seit Jahrzehnten charakteristische Export- und Leistungsbilanzüberschuß, und ohne daß vom Ausland auch nur der geringste Druck ausgeübt worden wäre, spielte das neue Deutschland die Rolle einer Welt-Konjunktur-Lokomotive: Man importierte mehr als je zuvor.

Der westdeutsche Exportüberschuß, der in den letzten drei Jahren vor der Wiedervereinigung jährlich an die 120 Milliarden DM erreicht hatte, reduzierte sich bis 1991 auf 22 Milliarden DM und kam auch 1992 nur noch auf rund 30 Milliarden DM. In laufender Rechnung entstanden 1991 und 1992 sogar Defizite von über 30 Milliarden DM jährlich. Dem Abbau der deutschen Überschußproduktion gegenüber dem Ausland folgte der Abbau der deutschen Vermögensposition im Ausland.

Die alte Bundesrepublik, einer der größten Kapitalexporteure der Welt, verwandelte sich im Zuge der Wiedervereinigung zum neuen Auslandsschuldner. Aus den Riesenbeträgen deutscher Kapitalanlagen im Ausland – 1988: 128 Milliarden DM, 1989: 136 Milliarden DM – wurden von 1990 an zunehmend Kapitalanlagen des Auslands im wiedervereinigten Deutschland. 1991 waren das noch 14 Milliarden DM, 1992 bereits über 50 Milliarden DM.

Doch dieser »Vertrauensbeweis« in die Kreditwürdigkeit des neuen Gesamtdeutschland mußte bezahlt werden, nämlich mit höheren Kreditzinsen. Diese schraubten sich von nun an in die Höhe, zum Teil durch die kaum noch zu bremsende Verschuldung des Bundes an den nationalen und internationalen Finanzmärkten. Zum Teil half aber auch die Deutsche Bundesbank, die mit ihren Ausleihsätzen für Banken nachzog, um – wie sie sagte – einen Damm gegen die sonst ausufernde Schuldenpolitik der öffentlichen Hand zu errichten. Gelang es schon nicht, das staatlich finanzierte Ausgabevolumen unter Kontrolle zu halten, sollten »wenigstens« Geld- und Kreditmenge keinen Anlaß zu stabilitätspolitischen Sorgen und zu einer weiteren Inflationierung des innerdeutschen Preisniveaus geben. Die Bundesbank berief sich dabei auf ihren gesetzlichen Auftrag, »die Währung zu sichern«, und fand damit auch weitgehend Zustimmung im Inland.

Nicht jedoch im Ausland. Dort sah man klarer, was mit dem importierten Geld geschah und was die Folgen der von Bundesregierung und Bundesbank im untrauten Verein in die Höhe getriebenen Zinsen waren. Die im Ausland aufgenommenen Gelder finanzierten nicht nur die Wiedervereinigung, sie füllten auch – nicht zuletzt wegen der nunmehr notwendig werdenden Stützungskäufe von EWS-Währungen – die bereits kräftig angeschwollenen Währungsreserven der Bundesbank, die sich brutto gerechnet von knapp 100 Milliarden DM 1989 auf rund 150 Milliarden DM Ende 1992 erhöhten. Deutschlands hohe Zinsen schwächten im Ausland erst die Konjunkturen und dann die Währungen. Im Herbst 1992 mußten das britische Pfund, die italienische Lira und die spanische Peseta abgewertet werden, und das Europäische Währungssystem erlebte den Austritt zweier so wichtiger Mitglieder wie England und Italien. Beide Länder wollten sich nicht länger dem Zins- und Wechselkurs»diktat« aus Frankfurt beugen. Kein gutes Omen für die europäische Währungsintegration und spätere Währungsunion.

Dieser nominelle »Zinskrieg« bei gleichzeitig stabilen Realzinsen stellt beiden Kontrahenten, der Bundesregierung wie der Bundesbank, kein gutes Zeugnis aus. Er hat die Kosten der Wiedervereinigung ebenso wie die der europäischen Integration unnötig in die Höhe getrieben.

Die Bundesregierung war keineswegs gezwungen, die von ihr übernommenen Transferlasten und -leistungen zugunsten der ostdeutschen Bevölkerung zinstreibend über Schulden zu finanzieren. Sie hatte – und hat noch immer – genügend Möglichkeiten, sowohl ihr Haushaltsvolumen wie ihr Defizit zu begrenzen: durch Einsparungen und, wenn jene ausgeschöpft sind, durch Steuererhöhungen. Und die Bundesbank durfte nicht übersehen, daß sie mit dem drohend geschwungenen Zinsknüppel den Falschen traf: ihre eigene Politik wie ihre Partner in Europa. Deutschland als Hochzinsland und Anlegerparadies mußte die Bemühung um knappes und stabiles Geld durchkreuzen; das Geld kam jetzt von außen statt von innen. Und außerdem mußte man in Frankfurt für die Stützung der durch die deutsche Hochzinspolitik angeschlagenen Europawährungen – man hatte für sie im Europäischen Währungssystem (EWS) so etwas wie eine Wechselkursgarantie unterschrieben – Dutzende von Milliarden neuer DM in die Märkte pumpen, um deren wankende Kurse durch Aufkäufe zu stabilisieren, was wiederum die Währungsreserven aufblähte.

Dabei wäre alles so einfach gewesen. Die Bundesbank hätte die Mehrimporte entweder aus der »Portokasse« ihrer gut dotierten Währungsreserven bezahlen können oder aber die DM aufwerten müssen – statt andere europäische Währungen in die Abwertung und den Austritt aus dem EWS zu treiben. Denn wozu hatte man diese Reserve angelegt, wenn nicht für den Fall und die Folgen der deutschen Vereinigung? Dies war ja die einzige Vorsorge, die die alte Bundesrepublik überhaupt für jenen Tag X, für den sie laut Grundgesetz auch nachts gewappnet sein sollte, getroffen hatte. Auch wäre der Rückgriff auf die Währungsreserve Stabilitätspolitik gewesen, weil man das im Inland verfügbare Güterangebot dadurch vermehrt hätte – um Importe und auch um jene Exporte, die nunmehr nicht ins Ausland, sondern nach Ostdeutschland gingen.

Der andere Weg der Angebotsvermehrung und -verbilligung wäre die rechtzeitige Aufwertung der DM im EWS gewesen. Man hätte das EWS stabilisieren und trotzdem in Deutschland die Zinsen senken können – die Inflation wäre über mehr und billigere Importe bekämpft worden. Ob Reserveeinsatz oder Auf-

60

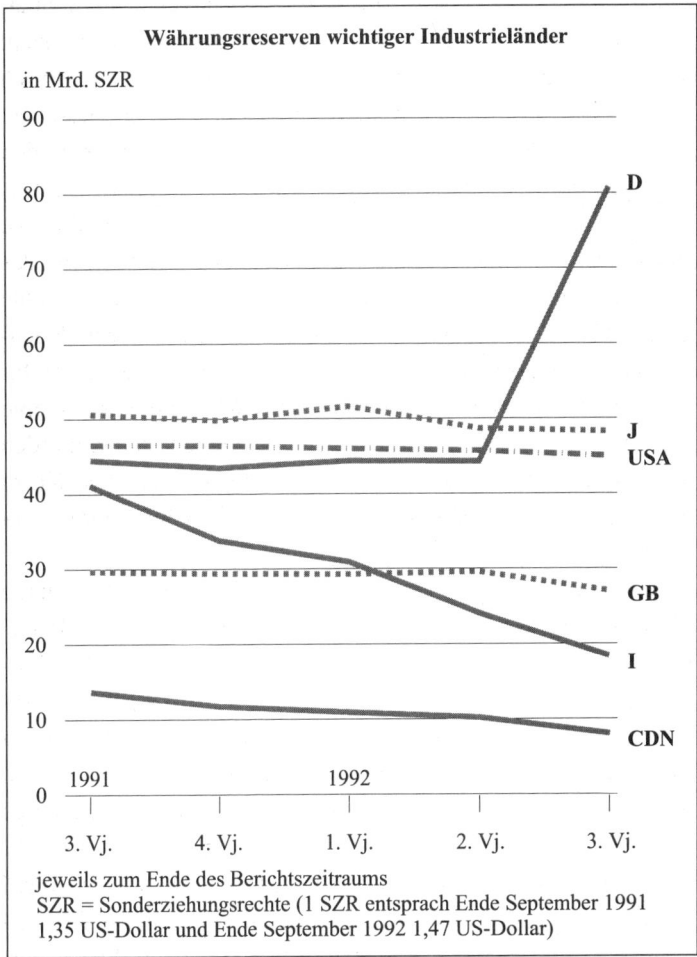

Währungsreserven wichtiger Industrieländer

in Mrd. SZR

- D
- J
- USA
- GB
- I
- CDN

1991   1992

3. Vj.   4. Vj.   1. Vj.   2. Vj.   3. Vj.

jeweils zum Ende des Berichtszeitraums
SZR = Sonderziehungsrechte (1 SZR entsprach Ende September 1991
1,35 US-Dollar und Ende September 1992 1,47 US-Dollar)

Quelle: IWF, November 1992; © Handelsblatt-Grafik

wertung: Man hätte der zusätzlichen Nachfrage und Kaufkraft der »Ossis« mehr Güter gegenüberstellen können, noch über das selbsterwirtschaftete Brutto-Inlandsprodukt hinaus; die volkswirtschaftliche Geld-Güter-Gleichung wäre ohne Inflationsauftrieb aufgegangen. Und das Ausland, zumal das europäische, hätte weder unter den hohen deutschen Zinssätzen leiden noch abwerten noch mit Eigenmitteln und Krediten für die deutsche

Einheit mitzahlen müssen. Das Frankfurter Echo auf das Bonner Versagen hat alles somit noch komplizierter und schwieriger gemacht – national, europäisch, weltweit, was auch dem »Währungsareopag in Frankfurt« (Karl Schiller) nicht eben das beste Zeugnis austellt.

Denn ohne dieses Gegeneinander von »weicher« (das heißt unseriöser) Haushalts- und »harter« (das heißt überzogener) Geldpolitik hätte das frisch vereinigte Deutschland eine wesentlich bessere Figur gemacht. Es hätte dem Ausland gegenüber die Rolle der Welt-Konjunktur-Lokomotive spielen können, ohne den Zug durch seinen Hochzinsexport wieder auf offener Strecke zu bremsen. Und man hätte auch der Wiedervereinigung besser gedient, wenn man die westdeutsche Konjunktur nicht durch hohe Zinsen zur Unzeit zusätzlich abgewürgt hätte. So versiegt jetzt erst recht der private Investitionsfluß von West- nach Ostdeutschland, und man muß mit öffentlichen Mitteln dort füllen, wo man private Quellen – ohne Not – ausgetrocknet hat.

Hinter jener unguten Mischung aus Fiskal- und Geldpolitik wird jedoch ein noch tieferer struktureller Irrtum sichtbar. Man glaubt noch immer, mit der bloßen »Ankopplung« der ostdeutschen Marktwirtschaft an die westdeutsche auskommen zu können – als müsse das, was sich im Westen so vorzüglich bewährt hat, auch bei »denen drüben« funktionieren. Die (Psycho-)Logik des Gedankens liegt auf der Hand: Funktioniert es bei denen drüben nicht, liegt es an ihnen, nicht an uns. Also sind sie an ihrer Misere letztlich selber schuld – nicht wir!

Aber so ist es nicht. Im Grunde wollen Marktwirtschaften nicht exportiert werden; sie wollen aufgebaut werden, und zwar an Ort und Stelle. Nichts belegt dies deutlicher als der Fehlschlag der westlichen Entwicklungshilfe, der sich mittlerweile über annähernd vierzig Jahre erstreckt. Die seitdem in die »Dritte Welt« gepumpten Gelder – und es waren ja nicht Milliarden, sondern Billionen von US-Dollar – haben zwar eine Unsumme sichtbarer, meist jedoch unsinniger Projekte finanziert: City-Hochhäuser inmitten von Slums, modernste Hafenanlagen für Fischerboote, aufwendige Fabriken, E-Werke, Brauereien und Coca-Cola-Abfüllanlagen am Rande von Pisten, Wüsten und Urwald. Nur eines waren weder die Mittel noch die Projekte: der Anstoß zu einer »Hilfe zur Selbsthilfe« oder einer »sich selbst tragenden Entwicklung«. Es entstanden eben keine Marktsysteme, die durch Institutionen getragen und durch Verträge – zwischen Käufern und Verkäufern, Sparern und Banken, Banken und Investoren – bewegt und vernetzt worden wären. Es gab und gibt ein paar Nutznießer – korrupte Politiker, hasardierende Spekulanten. Es gab und gibt ein paar Prestige-Projekte – »Kathedralen in der Wüste«. Aber die Masse der Menschen ist und bleibt arm, arbeitslos und vom Import dieser Art von Fortschritt ausgeschlossen.

Statt Marktwirtschaftsstrukturen entstanden Lieferkonjunkturen der produktions- und produktivitätsüberlegenen Geberländer und ihrer Industrien, aber eben nur so lange, wie die Entwicklungsmilliarden flossen und den Konkurs des unterentwickelt gebliebenen Schuldnerlandes hinauszögerten. Dann aber kommt die »THA der Entwicklungsländer«, der IWF, macht Auflagen, erzwingt im Namen der Stabilität sowie des Gläubigerschutzes – schließlich wollen Gläubiger und Banken ihre Milliarden wiedersehen – den Abbruch aller Entwicklung und läßt die ratlosen Länder ohne Alternative und Perspektive zurück.

Dasselbe Muster wiederholt sich heute in den Nachfolgestaaten der früheren UdSSR sowie den einstmals von ihr geknechteten osteuropäischen Reformstaaten, aber auch in der früheren DDR. Denn ihr Rechtsnachfolger, der Verbund der neuen Bundesländer, erhält das größte und dickste Geldgeschenk aus dem Westen. Nur handelt es sich dabei – wir sagten es schon – überwiegend um Konsumdarlehen und nicht um Investitionskredite. Dergleichen schafft zwar Lebensstandard, wenn auch weitgehend subventionierten, aber keine sicheren Arbeitsplätze.

Daß es allerdings auch anders geht, zeigen die wenigen geglückten Beispiele im Fernen Osten, wo bei relativ geringer äußerer Hilfe eine Entwicklung aus eigener Kraft zustande gekommen ist. Der große Tiger Japan und die vier kleinen, Korea, Taiwan, Hongkong und Singapur, sie alle haben sich ihre eigenen Märkte, Produktionen und Marktkreisläufe geschaffen: Banken, Handelsbetriebe, Zulieferindustrien und Marketing. Wichtig, um nicht zu sagen entscheidend für den Erfolg aller fünf Tiger war dabei das Ausmessen der Weltmarktchancen und -konditionen sowie ein gewisses Maß an Lohnzurückhaltung und Außenschutz (Produktionismus), genau soviel, wie erlaubt war. Es war die Exportkonkurrenz, die ihnen verriet, welche Produkte gefragt sein würden, was sie kosten durften und wohin sie geliefert werden könnten. Aber es war im Inneren der Staat, der mit Produktionshilfen und Subventionen – einschließlich der einer unterbewerteten Währung – dafür sorgte, daß die neuen Industrien aufgebaut werden und gegen die allmächtige Auslandskonkurrenz bestehen konnten, ganz im Sinne der Lehren von Friedrich List.

Es war somit nicht der Weltmarkt, der aus fünf Tigerlein große, ausgewachsene Raubkatzen machte; er gab ihnen nur die Maßstäbe und Fahrpläne für die Reise mit auf den Weg. Der entscheidende Anstoß kam von innen. Es war weitgehend der Staat, der sich im eigenen Land»seine« Marktwirtschaft schuf, weil er sie brauchte. Wie sonst wären die Menschen zu ernähren gewesen, wie sonst hätte man sie politisch ruhig und demokratisch – mehr oder minder – bei der Stange halten können?

Allein der fernöstliche Staat beschränkte sich nicht nur auf das zwar notwendige, aber doch noch nicht hinreichende Rahmengehäuse der Institutionen wie Recht, Privateigentum, stabiles Geld und jene Steuersysteme, die den Staat von der Notenpresse fernhalten. Er baute Produktionen, die er für unentbehrlich hielt, selber mit auf, durch Planung, Prioritätensetzung, Fördermittel, Verlustausgleich, Subventionen und anderes mehr.

So entstand in den Planungsräumen des japanischen Ministeriums für Industrie und Außenhandel (MITI), des Korean Developement Center und der vergleichbaren Institutionen in den anderen asiatischen Erfolgsländern ein modernes und trotzdem marktkonformes Instrumentarium der Markt-, Arbeitsplatz- und Einkommensschaffung, eine intellektuelle Hebammenstation zur Geburt und Aufzucht marktwirtschaftlicher Systeme und Kreisläufe, bis diese gelernt hatten, von selber zu laufen. Man merke in Bonn, Moskau, Tiflis oder Prag: Das kleine und große Einmaleins erfolgreicher und vor allem beschleunigter Marktwirtschaftsschaffung und -umsetzung lernt man heute besser in Asien als in Europa oder den USA.

Gewiß, unsere alten, gewachsenen Marktwirtschaften im Westen haben ihre Geschichte, ihren reichen Erfahrungsschatz. Er berichtet von Gefahren, Experimenten, Rückschlägen und auch gelegentlichen Wirtschaftswundern, von denen das westdeutsche nach dem Zweiten Weltkrieg nur eines – wenn auch ein sehr spektakuläres – unter vielen war. Nichts ist daher törichter als das Gejammer jener Experten, die den Transformationsprozeß von Planwirtschaft in Marktwirtschaft als etwas Noch-nie-Dagewesenes kommentieren. Man habe, so heißt es, weder Vorbilder noch theoretische Hilfsmittel zur Hand, um aus »sozialistischer Erblast« in kurzer Frist eine blühende Marktwirtschaft zu machen.

Alles falsch. Die Entstehung der westlichen Volkswirtschaften ist eine ebenso endlose wie unumkehrbare Geschichte von autoritär gelenkten Natural- oder Planwirtschaften – die Begriffe sind austauschbar, denn beide Wirtschaftsarten kontrollieren auf »physischer« Basis Menschenarbeit mitsamt den zu produzierenden Gütermengen – zu offenen, geld- und marktgesteuerten Zivilgesellschaften. Was vermutlich vor über 3000 Jahren im Ägypten der Pharaonen, in den sumerischen Stadtstaaten der Gottkönige begann, die Erfindung des Geldes zur Ablösung von Staatsfron und -leibeigenschaft, setzt sich noch immer fort in den Erfolgsländern der Dritten und Zweiten Welt – und harrt noch immer des Anstosses dort, wo die Entwicklung stagniert. Es ist immer derselbe Prozeß und dasselbe Milieu: Wer einen Kredit erhalten kann, um etwas Neues zu verwirklichen, sei es eine Idee oder ein Produkt, ein Verfahren oder ein Dienstleistungsangebot, der braucht weder einen reichen Vater noch sonstige Herrenrechte zu seiner Legitimation. Er steigt mit dem pekuniären Erfolg seiner Idee auf der sozialen Stufenleiter nach oben, ohne Beziehungen oder Zugehörigkeit zu einer Führungskaste. Freilich: Er kann auch abstürzen. Denn Fehlschlag und Erfolg, Wagnis, Risiko und Verlust gehören zusammen, sind Teil jenes marktwirtschaftlichen Selektionsprozesses, der dafür sorgt, daß die knappen Ressourcen ihren jeweils besten Wirt und ihre beste marktwirtschaftliche Verwertung finden.

Nichts hat Pharaonentum, Feudalismus, Absolutismus und andere Herrschaftssysteme der Menschenversklavung wirksamer und unwiderruflicher erodiert als die Öffnung und Dynamisierung der Gesellschaft durch die Geld- und Marktwirtschaft. Die Historie der Ökonomie belegt diesen Transformationsprozeß auf jeder Seite ihrer langen Geschichte. Der Zusammenbruch des Realsozialismus, eine Art Pharaonen- oder Fronhofsökonomie moderner Art, ist darin nur ihr vorläufig letztes Kapitel.

Alle großen Ökonomen, von Adam Smith bis John Maynard Keynes, von Max Weber bis Joseph Alois Schumpeter, haben diese »große Transformation« (K. Polany) der europäischen Gesellschaft von der Feudal- zur Zivil-, von der Agrar- zur Industriegesellschaft, von der autoritär gelenkten zur marktwirtschaftlich gesteuerten Produktionsgesellschaft zum Hintergrund wie Gegenstand ihrer Studien, Analysen und Empfehlungen gemacht. Ihr Œuvre ist voll von Hinweisen auf Stationen, Krümmungen und Länge dieses Weges, von Anregungen, wie er sich abkürzen läßt, Warntafeln, wovor man sich hüten muß. Noch 1991 erhielt ein bis dahin weitgehend unbekannter Ökonom, Ronald Coase, den Nobelpreis für Wirtschaft für seine Lebensleistung: den Beitrag des Rechts- und Vertragswesens für die Schaffung neuer Märkte. Aber nur wenige Politiker und ökonomische Experten haben die Aktualität dieses Fingerzeiges aus Stockholm für Osteuropa, aber eben auch für Ostdeutschland beachtet.

Denn Geld und Verträge, das sind die beiden Pfeiler, an denen die Netze zwischenmenschlicher Wirtschaftsbeziehungen, die eigentliche Substanz jeder Marktwirtschaft, aufgehängt werden müssen, wenn diese Marktwirtschaft eingerichtet werden soll. Und diese Einsicht ist keineswegs als solche neu und muß auch nicht erst neu erforscht und studiert werden. Nur: Es kommt nicht allein auf das Einrammen der beiden Pfeiler an. Sie stehen längst, und gerade in Ostdeutschland fester und unverrückbarer als in den übrigen Reformländern des ehemals kommunistischen Ostens. Wenn die Menschen dort trotzdem zögern, von den Chancen der Marktwirtschaft als Produzenten Gebrauch zu machen, so hat das nur bedingt und keineswegs ausschließlich damit zu tun, daß ihnen im Sozialismus jeglicher Mut zu Initiative und Risiko abhanden gekommen oder aberzogen worden wäre. Vielmehr sieht jeder in Ostdeutschland, wer die dort seit der Wiedervereinigung entstandenen Märkte beherrscht: die in jeder Hinsicht produktivitätsüberlegenen westdeutschen Lieferanten und Händler. Welcher künftige, innovative und risikofreudige Ost-Produzent kann schon gegen sie konkurrieren?

Genau da liegt das Problem. Solange es nicht gelingt, das wirtschaftliche Übergewicht der West-Produzenten und -lieferanten auf den Binnen- wie Außenmärkten gegenüber autochthonen Produzenten und Anbietern aus Ostdeutschland wirksamer einzuebnen als bisher, wird es im Osten Deutschlands weder eine Gründerkonjunktur noch einen Auf- und Ausbau neuer Betriebswerkstätten in Industrie, Landwirtschaft, Handwerk und Dienstleistungsbereich an alten und neuen Standorten geben.

Wer den sicheren Ruin vor Augen hat, schließt nämlich keine Kreditverträge, tätigt keine neuen Investitionen!

Die vierte Todsünde der deutschen Wiedervereinigung besteht daher noch immer darin, das zwischen west- und ostdeutschen Produzenten bestehende Marktgefälle gröblich unterschätzt zu haben sowie die Rolle des Staates, der dazu da ist, dieses auszugleichen und zu planen. Solange die Produzenten und Anbieter im Osten ihren westlichen Konkurrenten hoffnungslos unterlegen sind, im Eigenkapital, im Know-how, im Marketing wie im Selbstbewußtsein, wird es dort schwerlich eine ausreichende Eigenproduktion von Gütern, Arbeitsplätzen und Einkommen geben. Ein Industriestandort Ostdeutschland, wie es ihn vor dem Zweiten Weltkrieg gab, ist deswegen nicht in Sicht.

Und die Lösung des Problems: Der Staat ist aufgerufen, dieses Defizit zu beseitigen, solange es stört. Er muß sich im Sinne Friedrich Lists als Geburtshelfer der neu zu schaffenden Marktwirtschaft noch selbst entdecken.

Denn als Hebamme kann der Staat die Geburt der Marktwirtschaft sowohl beschleunigen als auch schmerzloser gestalten. Verweigert er sich oder kennt seine Rolle noch nicht wie in der Früh- und Vorgeschichte unserer Marktwirtschaft, dann wird der Geburtsvorgang eben länger dauern und schmerzhafter sein. Siehe die große, über dreihundert Jahre währende Transformation von der agrarischen Feudalgesellschaft zur modernen und demokratischen Marktwirtschaft in Westeuropa und die sie begleitenden Revolutionen, von denen die russische von 1917 die letzte, blutigste und überflüssigste war, denn gerade sie unterbrach den Prozeß, statt ihn zu beschleunigen.

Fünfte Sünde:

Die Korrumpierung des Arbeitsmarktes – was Staat und Gewerkschaften bedenken sollten

Die Lage am ostdeutschen Arbeitsmarkt ist katastrophal. Man muß schon in die Zeiten der Weimarer Republik und ihres Zusammenbruchs zurückgehen, um auf Vergleichbares zu stoßen. Von den zu DDR-Zeiten beschäftigten knapp zehn Millionen Erwerbstätigen sind derzeit noch etwas über sechs Millionen in Arbeit und Brot. Knapp vier Millionen Menschen werden in der einen oder anderen Form unterstützt, verdienen ihr Einkommen nicht mehr selbst aus eigener Arbeitskraft.

Im Krisenjahr 1931 waren von 27 Millionen Erwerbsfähigen 6 Millionen arbeitslos, ein knappes Viertel; die Arbeitslosenquote in den neuen Bundesländern dagegen liegt, alles in allem, bei fast 40 Prozent. Und auch diese Quote untertreibt, denn sie legt dem Prozentsatz der heute Arbeitslosen die Zahl der Erwerbstätigen in der früheren DDR zugrunde. Diese Zahl hat sich jedoch inzwischen nicht unbeträchtlich verringert: Immer mehr Frauen mußten sich – überwiegend unfreiwillig – aus dem Berufsleben zurückziehen. Schließlich stellte die weibliche Erwerbsquote der früheren DDR so etwas wie einen Weltrekord dar. Sie lag bei über 80 Prozent!

Statt Arbeit zu schaffen, hat man seit der Wiedervereinigung mit einem nicht unbeträchtlichen Geldaufwand viel dafür getan, sie zu »fördern«. Offiziell sind »nur« 1,2 Millionen Menschen arbeitslos, etwas über 14 Prozent. Fast ebenso viele ehemalige Voll-Arbeitskräfte werden in öffentlich finanzierten Not- und Sanierungsbetrieben weiterbeschäftigt, und zwar zu einem Entgelt zwischen Sozial- und Lohntarif, doch nur mit äußerst begrenzten

Chancen auf Absorption oder Reintegration in die normale Arbeitswelt. Eine weitere Dreiviertelmillion wurde vorzeitig – mit Erreichen des 55. Lebensjahres – in den Ruhestand geschickt und bezieht nun Altersübergangsgeld. Und da der Arbeitsmarkt weitgehend reflektiert, was sich in der realen Produktionssphäre abspielt – nämlich noch immer mehr Niedergang als Durch- oder Aufbruch – ist weder für 1993 noch für 1994 eine Wende zum Besseren zu erwarten.

Inzwischen belastet der mit so viel sozialpolitischem Technokratenverstand aufgebaute »zweite Arbeitsmarkt« die neuen Bundesländer mit einem gewaltigen Ausfall an Einkommen und Steuereinnahmen, außerdem aber auch den Bundeshaushalt über die Bundesanstalt für Arbeit mit weiteren – und letztlich für Nicht-Arbeit gezahlten – Transfer-Milliarden. In Ostdeutschland könnte das heute verdiente Einkommen von etwa 180 Milliarden DM um knapp 120 Milliarden DM höher sein, wenn auch die derzeit nicht oder nicht voll Beschäftigten an regulären Arbeitsplätzen stünden; man hätte über 30 Milliarden DM höhere Steuereinnahmen, und der Bund und die Bundesanstalt für Arbeit müßten entsprechend weniger zum sozialen Ausgleich beisteuern. Allein 1992 wird sich, um die Zahl beim Namen zu nennen, das Defizit der Bundesanstalt für Arbeits- und Qualifizierungsmaßnahmen in den neuen Bundesländern auf knapp 37 Milliarden DM belaufen. Auch wenn die Transfer-Milliarden für die Sozialhilfe Ost bisher aus den Wiedervereinigungsgewinnen in Westdeutschland verdient werden konnten – 1991 übertrafen die westdeutschen Lieferungen nach Ostdeutschland mit 169 Milliarden DM die gleichzeitigen Transfers um immerhin 62 Milliarden DM –, bleibt die Frage, wie sinnvoll eine Arbeitsförderung ist, welche die verdeckte Arbeitslosigkeit lediglich perpetuiert.

Man vergleicht dergleichen Maßnahmen gern mit einer Brücke, die den Abgrund, den der Produktionseinbruch am Arbeitsmarkt aufgerissen hat, für die Arbeitnehmer überwindet. Sie dürfen diesen Abgrund sehen, schaudern und doch sicher sein, daß er sie nicht verschlingen wird.

Das Bild ist schön, aber leider schief. Es suggeriert, daß es schon bald – mit dem Ende von Abgrund und Brücke – eine Fortsetzung des alten Niveaus geben wird. Aber das neue Produktionsplateau müßte weitaus höher liegen: Mittlerweile braucht man eine neue, aufwendigere Technologie und eine entschieden gesteigerte Arbeitsproduktivität, also eine viel intensivere Kapitalausstattung als in der früheren DDR, um zu einer wirtschaftlichen Normalität à la Westdeutschland zu kommen. Im Grunde benötigt man also statt der Brücke einen Lift, um alte Arbeit an neue und sehr viel kapitalintensivere Produktionsstätten heranzuführen. Aus diesem Grund geht es auch nicht mehr darum, den Graben zu überbrücken, der zwischen den beiden Produktionslandschaften West und Ost liegt. Der Produktionsstandort Ost muß vielmehr auf einem sehr viel höheren Niveau errichtet werden, damit er sowohl innerhalb Deutschlands wie international wettbewerbsfähig wird.

Das Konzept eines »zweiten Arbeitsmarktes«, der mit einer Weiterbeschäftigung in den alten Strukturen operiert, doch abgeschirmt vom rauhen Wind der Märkte, von ihrer Konkurrenz, von Haftung und Umstellungssignalen, ist zwar sympathisch, human und sozialverträglich, aber in der Wirkung statisch und kontraproduktiv. Neue Betriebe und Arbeitsplätze werden dadurch nicht geschaffen, die alten dagegen – obwohl gewissermaßen klinisch tot – mit sozialpolitischer Apparatemedizin am Leben gehalten. Auch droht den westdeutschen Marktbeherrschern der ostdeutschen Absatzregion von dieser Seite her keine Konkurrenz. Sofern die zahlreichen ABM- und ABS-Betriebe, welche die Bundesanstalt für Arbeit und die Treuhand mit Zuschüssen, Subventionen und Verlustübernahmen über die Runden bringen, überhaupt etwas Marktgängiges produzieren, geht es als Vorprodukt und Kommissionsware in die Endabsatzstrategien der – meist westdeutschen – Marktanbieter ein, denn »marktverzerrender« Wettbewerb darf nicht sein. Schließlich hat es seinen Grund, daß die sonst so aufmerksamen ordnungspolitischen Marktwächter in westdeutschen Handelskammern, Industrieverbänden und für sie tätigen Forschungseinrichtungen so verständnisvoll auf diese Sünde wider den Geist der Marktwirtschaft reagieren. Die Kosten- und Produktesubventionierung in den »Beschäftigungsgesellschaften« erhöht selten die Konkurrenz, meistens die Margen!

Und die in diesem Sektor betriebene Umschulung und Höherqualifizierung der alten Arbeiter- und Arbeitnehmerschaft? Sie findet leider ins Blaue hinein statt. Denn weder die Betriebs- noch die Ausbildungsleiter wissen, wie die künftigen Strukturen der ostdeutschen Wirtschaft aussehen werden und wer was wo mit welcher Technik investieren wird. Solange das aber nicht einigermaßen klar ist, kann nicht sinnvoll geschult und umgeschult werden.

So dreht und drechselt man vor sich hin, und nicht wenige fühlen sich trotz DM und höherem Lebensstandard an die Tristesse eines DDR-Arbeitstages erinnert. Ob VEB, ABM- oder ABS-Gesellschaft: Man hat kaum noch Hoffnung auf Ausbruch aus dem Betriebsgefängnis. Die Marktwirtschaft mit begrenzter Haftung, Konkurrenz- und Veränderungschance setzt den alten Sozialismus in zivileren Formen und bei entspannterem Betriebsklima fort; doch so hatte man sich den Einstieg in die Leistungsgesellschaft nicht vorgestellt.

Es gilt zu begreifen und auch den ostdeutschen Arbeitern und Arbeitnehmern begreiflich zu machen, daß sich in der Marktwirtschaft Produktions- und Arbeitswelt nicht voneinander trennen lassen. Die Produktion bestimmt das Klima am Arbeitsmarkt, und es hat wenig Sinn, durch Manipulation am Barometer »Arbeitsmarkt« das Wetter im Produktionsbereich verändern oder gar für unmaßgeblich erklären zu wollen. Deswegen läßt sich eine langfristig erfolgreiche und produktive Beschäftigungspolitik nicht am Arbeitsmarkt festmachen, schon gar nicht an einem »zweiten«, künstlich geschaffenen oder alimentierten. Man muß direkt bei der Produktion ansetzen: bei den Investitionen sowie beim Auf- und Ausbau des Kapitalstocks. Und das um so mehr, als der alte Kapitalstock der DDR-Wirtschaft, wie inzwischen jedermann sieht, grosso modo weder verwertbar noch reaktivierbar ist. Deswegen ist die heute in den neuen Bundesländern aufgebrochene Massenarbeitslosigkeit auch keine des Übergangs von der Plan- zur Marktwirtschaft, die man – weil temporär – durchaus überbrücken oder in Wartezimmern des Arbeitsmarktes aussitzen könnte.

Vielmehr handelt es sich um die bereits von den ökonomischen Klassikern zu Beginn des Industriezeitalters analysierte Arbeitslosigkeit »aus Kapitalmangel«. Sie verschwindet nur dann, wenn ein wachsender und produktiverer Kapitalstock in den Betrieben die überschüssige Arbeitskraft absorbiert oder aber wenn man zuläßt, daß sich das Überangebot an Arbeit durch Aus- oder Abwanderung verringert.

Drei Fragen sind in dem Zusammenhang zu beantworten. Erstens: Wie lange dauert dieser Zustand, und was macht man in der Zwischenzeit? Zweitens: Welche Rolle spielen in diesem Zusammenhang Lohnhöhe und Gewerkschaften? Stören hohe, am westdeutschen Realeinkommen orientierte Ost-Löhne, oder geben sie dem Prozeß eine andere, vielleicht sogar dynamischere Richtung? Und drittens: Welche Möglichkeiten hat der Staat, mit seinen Mitteln den Aufbau einer Vollbeschäftigung sichernden Produktionsstruktur zu ermöglichen und zu beschleunigen?

Zur ersten Frage: Es gibt in beiden Teilen Deutschlands heute mehr Arbeit als Arbeitsplätze. Den Beweis dafür liefert die nun auch in Ostdeutschland ins Kraut schießende »Schwarzarbeit«. Nur ist sie in beiden Teilen Deutschlands sozial wie rechtlich geächtet; ob sie auch verboten ist, bleibt hingegen eine juristisch umstrittene Frage, denn Artikel 12 des Grundgesetzes sichert allen Deutschen das Recht, Beruf, Arbeitsplatz und Ausbildungsstätte frei zu wählen. Aber mit Auslegung und Praxis dieses unveräußerlichen Menschenrechts steht es nicht eben zum besten. Dabei sind es weniger die Gerichte als vielmehr die Selbstverwaltungsorgane der Wirtschaft, die Kammern, Verbände und Innungen, die aus der Berufs- und Gewerbefreiheit ein kontrolliertes Gewerbe gemacht haben, einen »closed shop«. Gewerbebetriebe müssen angemeldet werden, Handwerker müssen sich einer »Ordnung« – bestehend aus überwachter Ausbildung, Qualifizierung, Prüfung und Zulassung – unterwerfen, was alles Zeit und noch mehr Geld kostet. Strafbestimmungen über »unlauteren Wettbewerb« pönalisieren die Arbeit aus freien Stücken und außerhalb von gesetzlich und tariflich erlaubten Zeiten.

Hinzu kommen die Argusaugen der Arbeits-, Sozial und Finanzämter: Erstere kontrollieren den Nebenerwerb, um Arbeitslosengeld zu sparen und Sozialversicherungsbeiträge zu kassieren, letztere um Steuerhinterziehungen zu ahnden. Wer immer in beiden Teilen Deutschlands seine Arbeitskraft selber vermarkten will, sein eigener Arbeitgeber und Unternehmer sein möchte – wozu er grundgesetzlich ohne jede Frage ermächtigt ist – tut gut daran, vorher mindestens ein halbes Dutzend Gesetze, Verordnungen und Vorschriften zu studieren, bevor er dieses Wagnis eingeht. Auch die Gewerkschaften sind ihm nicht hold. Sie beargwöhnen jede Arbeit außerhalb ihrer Tarifsetzung als »wild«, ungesetzlich, arbeiterfeindlich. Es gibt kaum eine Interessengemeinschaft in Deutschland, die enger kooperiert als die der berufsständischen Wirtschaft, der Sozial-, Finanz- und Polizeibehörden sowie der Gewerkschaften. Und da sich die meisten dieser Vorgänge auf lokaler Ebene abspielen, wo man sich genauestens kennt und einander in die Hände arbeitet, hat es der deutsche Eigen-Unternehmer, dessen »Betrieb« er selber, dessen »Kapital« sein persönliches Wissen und Können ist, schwerer als seine Kollegen in Süd- wie Osteuropa.

Dabei weiß inzwischen alle Welt: Wer immer etwas erarbeitet und Werte schafft – wer an einem Haus baut, ein Auto repariert, seine Hobbies vermarktet –, trägt (wiewohl nicht erfaßt) sowohl zum Sozialprodukt als auch zur Entlastung des Arbeitsmarktes bei, auch wenn beide Beiträge, weil »schwarz« erbracht, in keiner Statistik auftauchen. Schwarz oder nicht, sie sind marktwirtschaftlich erbracht, besitzen Realität und bereichern den Erbringer dieser Leistung ebenso wie die Allgemeinheit. Denn das auf diese Weise verdiente »Schwarz«-Einkommen wird ja weder vergraben noch schwarz konsumiert, sondern fast ausschließlich in »weiße« Güter umgesetzt (heizt also die Konjunktur an) oder »weiß« gespart (trägt also zur Geldkapitalbildung bei).

Das Musterland der sowohl tolerierten wie weitgehend in den weißen Geld- und Güterkreislauf integrierten Schattenwirtschaft ist innerhalb der EG noch immer Italien. Als man sich dort Anfang der achtziger Jahre entschloß, diesen neuen Wirtschaftssektor amtlich in das Bruttosozialprodukt einzubeziehen, wuchs dieses von einem Jahr zum anderen um über 40 Prozent, und Italien überflügelte über Nacht im statistischen Vergleich England in Wirtschaftsleistung und Durchschnittsproduktivität. Italien war nicht reicher geworden oder tüchtiger, aber man sah klarer, wie reich und wie tüchtig es in Wahrheit schon immer gewesen war. Und auch der italienische Staat stellte sich auf den neuen Wirtschaftssektor ein, der sich als so einkommens- und produktivitätstüchtig erwies. Denn seitdem fast vier Fünftel der Steuereinnahmen nicht mehr aus Einkommen und Vermögen, sondern indirekt aus Kauf- oder Produktsteuern erhoben werden, tragen auch die Selbstvermarkter das Ihre zum allgemeinen Steueraufkommen bei, und sei es mit besteuertem Rotwein- und Zigarettenkonsum.

Man muß in Deutschland nicht so weit gehen wie in Italien, das heißt: Man muß sich nicht über »lavoro nero« reich rechnen und von der Einkommens- hundertprozentig auf die Mehrwertsteuer übergehen. Eine größere Toleranz gegenüber Selbstbeschäftigung und Selbstvermarktung jedoch würde wesentlich zur Klärung der Lage und zur Entlastung des »zweiten Arbeitsmarktes« beitragen, wenn sie natürlich auch keine Wunder bewirken würde.

Natürlich wird der Eigen-Unternehmer nach Überschreitung der ihm gesetzlich zustehenden Freigrenzen für sein selbstverdientes Zubrot steuerpflichtig. Natürlich muß er, wie jeder Steuerpflichtige, mit Kontrollen und mit Bestrafung bei Steuerhinterziehung rechnen. Aber ebenso selbstverständlich sollte sein, daß für Eigen-Unternehmer die Tür zur Sozialversicherung offen bleibt. Sie sollten das Recht auf Beitritt zum halben Satz haben; denn das Wagnis, als Unternehmer und Arbeitnehmer in einer Person aufzutreten, sollte nicht mit der Addition aus Arbeitgeber- und Arbeitnehmerbeitrag bestraft werden. Man kann sicher sein, daß viele die Chance zur Verbesserung ihrer Rentenposition nutzen werden – denn sie wissen: Alter und Krankheit kommen bestimmt.

Vielleicht wäre es eine organisatorische wie überwachungstechnische Vereinfachung, wenn man für den Typ des Eigen-Unternehmers eine kombinierte Lohnsteuer- plus Sozialversicherungskarte einführte. Wer sie sich aushändigen läßt, wird nicht nur erfaßt; er kann sich legal wie legitim an jedem Arbeitsplatz seiner Wahl betätigen. Keine Gewerbepolizei kann es ihm verbieten oder ihn mit Ordnungsstrafen von der Arbeit fernhalten.

Alle jene Gewerbetreibenden, Kammerpräsidenten, Arbeitsämter und Gewerkschaften dagegen, die im sich selbst vermarktenden Unternehmer mit Norbert Blüm »einen wirtschafts- und sozialpolitischen Skandal, eine erhebliche Schädigung des Sozialsystems und der Staatskasse« sehen, gegen den man in bester Pogromstimmung »eine Welle der Verachtung« mobilisieren müsse, täten besser daran, bei Ludwig Erhard nachzulesen:

»Die Privilegierten, die drinnen sitzen, wollen anderen, die herein wollen, das Leben sauer machen. Frage ich nach dem Geist, der hinter all diesen Bemühungen steht, dann bin ich zu harter Antwort genötigt: Es ist der pure Egoismus …, der versucht, (sich) mit gesellschaftswirtschaftlichen Idealen und ethischen Prinzipien zu verbrämen. Tatsächlich möchte man sich abschirmen, Zäune um Berufe ziehen, man möchte abwehren, möchte schützen, Positionen mit künstlichen Mitteln bewahren.«

Dem ist lediglich ein kurzer Nachsatz hinzuzufügen: Warum eigentlich sollen wir unsere deutschen Arbeitslosen eines Rechtes berauben, das wir Zuwanderern, Pendlern, ausländischen Saisonarbeitern und Asylbewerbern ja auch nicht mehr bestreiten? Der freie Arbeitsmarkt darf weder ein illegaler noch ein exotischer noch ein segmentierter sein oder werden. Er muß für alle, die Arbeit suchen, offen bleiben.

Zur zweiten Frage: Ob die Gewerkschaften gut beraten waren, die Löhne in Ostdeutschland weit über die dort erzielbaren Produktivitätsfortschritte hinaus in die Höhe zu treiben, beschäftigt die Gemüter und spaltet selbst den Kreis der wissenschaftlichen Geister. Trotz Produktionseinbruch, massivem Kapitalmangel und überbordender Arbeitslosigkeit – also einem Zuviel an Arbeitsangebot – ist das Lohnniveau in den neuen Bundesländern kräftig gestiegen, nämlich allein 1992 um 37 Prozent. Für 1993 sind hohe Forderungen von 20 Prozent und mehr bereits anerkannt. Ende 1992 kamen die Tariflöhne in Ostdeutschland etwa auf 70 Prozent und die Effektivlöhne auf 67,5 Prozent des westdeutschen Niveaus. Falls sich die Lohnpolitik nicht ändert, dürften bis Ende 1993 etwa 80 Prozent des westdeutschen Tarif- wie Effektivlohnniveaus erreicht sein. Die ostdeutschen Lohnstückkosten liegen schon jetzt über denen der USA bei einer Arbeitsproduktivität, die derjenigen Mexikos entspricht, wie ein renommierter Ökonom sarkastisch feststellte.

Nur: Was den einen nur fair, recht und billig erscheint – daß im geeinten Wirtschaftsraum Deutschland bei annähernd gleichen Preisen und Kosten auch ein annähernd gleiches Einkommensniveau besteht, werten andere als unverantwortliche Belastung des Umstrukturierungsprozesses im deutschen Osten. Derartig aus dem Rahmen fallende Lohnstückkosten kann keine Volkswirtschaft verkraften, erst recht keine, die neu- und umstrukturiert werden muß. Wie soll ein Betrieb, der bereits in den roten Zahlen steckt, solche zusätzlichen Belastungen verkraften? Wie will man den Standort Ostdeutschland attraktiv machen oder erhalten, wenn sich das Human-Kapital höher »verzinst« als das reale der Investitionen? Schließlich will jeder Investor erst einmal sein Kapital ausreichend verzinst sehen, ehe er bereit ist, mit neuem Kapital neue Arbeitsplätze zu finanzieren.

Nicht nur Regierung und Wirtschaft werfen den Gewerkschaften vor, durch ihre Politik der Lohnangleichung die reale

Einkommens-, Beschäftigungs- und Produktivitätsangleichung von Ost- und Westdeutschland gefährdet und auf Jahre, wenn nicht gar Jahrzehnte blockiert zu haben, sondern auch große Teile der Wissenschaft.

Hinzu kommt die wachsende Kluft zwischen denen, die noch beschäftigt sind – derzeit sechzig Prozent – und jenen anderen, die es nicht mehr oder nur noch zum Teil sind oder pro forma eine Arbeit haben – den restlichen vierzig Prozent. Die Gewerkschaften, so lautet der Vorwurf, fühlten sich in erster Linie für die von ihnen vertretene Gruppe der Noch-Beschäftigten zuständig. Was indessen aus dem Heer der Ausgegrenzten werde, das nicht zuletzt durch die Gewerkschaftspolitik ständig wächst, das sei ihnen trotz rhetorischer Lippenbekenntnisse herzlich gleichgültig; die Kosten der von den Gewerkschaften verursachten Massenarbeitslosigkeit trage schließlich der Staat. Gewerkschaftspolitik dieser Art, so ein weitverbreiteter Vorwurf, laufe letztlich auf eine Vertragsgestaltung zu Lasten Dritter hinaus – denn entweder müssen die Ausgegrenzten oder der Sozialstaat (also alle Bürger) die Zeche zahlen.

Die gewerkschaftliche Antwort darauf lautet kurz und bündig: Ob Vollbeschäftigung herrsche oder nicht, hänge nicht von tarifpolitischen Entscheidungen der Sozialpartner ab, sondern von den Vorgaben der Wirtschafts-, Währungs- und Finanzpolitik. Wenn es richtig sei, daß der Arbeitsmarkt das Geschehen auf den Güter- und Geldmärkten nur reflektiere, nicht bestimme, dann trügen auch all jene die Verantwortung für das Beschäftigungsklima, die eben für diese Märkte, für die Gesamtnachfrage sowie für die Rentabilität und Kosten von Investitionen zuständig seien, also die Bundesregierung, die Bundesbank und die Wirtschaft selbst. Schließlich könnten Arbeitnehmer nur die Arbeit annehmen, die man ihnen biete, und diese stamme – mit Ausnahme der »Schwarzarbeit« – ja nicht von ihnen selber, sondern von der Interessengemeinschaft von Staat und Wirtschaft.

Der uralte Streit um die Gründe und Hintergründe der Arbeitslosigkeit erhält durch die Beschäftigungskatastrophe in Ostdeutschland sowohl Brisanz als auch Aktualität. Wie immer, wenn letzte Ursachen unklar oder kontrovers bleiben, bemüht man sich im politischen Alltag um konsensfähige Kompromisse.

Der sogenannte Solidarpakt, der noch immer zwischen Staat, Wirtschaft und Gewerkschaften geschlossen werden soll und der de facto auf ein »Lohnmoratorium« für Ost- wie Westdeutschland hinausläuft, ist ein solcher, und die Frage lautet: Ist dies ein vernünftiger Kompromiß oder ein fauler?

Schon das Faktum, daß in den neuen Bundesländern seit ihrem Beitritt Tarif- und Effektivlöhne stark, aber höchst unterschiedlich gestiegen sind, weckt Zweifel an der Alleinschuld der Gewerkschaften. Teilweise haben die Unternehmer gezahlt, was ihnen die Gewerkschaften tarifär zugemutet haben. Und das ist in den von Westdeutschland beherrschten Absatzmärkten weniger erstaunlich, als es scheint. Denn Absatzmärkte mit viel Kaufkraft schlucken mehr als solche mit wenig, und natürlich sieht es ein westdeutscher Lieferant nicht ungern, wenn sich die ostdeutsche Konkurrenz mit hohen Löhnen selber schadet.

Man muß also davon ausgehen, daß die Gewerkschaften für ihre ostdeutsche Lohnoffensive eine geradezu ideale Tarifbedingung vorfanden: eine Arbeitgeberseite, die kaum allzu energisch Widerstand leistete und die zudem in Ostdeutschland wesentlich schwächer organisiert war als im westlichen Teil des Landes.

Das ostdeutsche Beispiel zeigt aber auch, daß überall dort, wo die Löhne gezahlt werden, die mit den Produktivitätsspielräumen der Betriebe nicht aufgefangen werden können, weder die marktwirtschaftliche noch die betriebswirtschaftliche Korrektur der Lohnoffensive lange auf sich warten läßt. Betriebe, die ihren Lohnaufwand nicht mehr verkraften können, senken ihn entweder im Einvernehmen mit der Belegschaft, indem sie effektiv weniger zahlen als tariflich ausgemacht; der Tariflohn wird dann zur Wunschvorstellung, einer Obergrenze, die bis auf weiteres nicht zu erreichen ist. Oder die Betriebe senken statt der Lohnsätze ihre Lohnsummen – durch Teilstillegungen und Entlassungen. Leider verzeichnet keine Statistik, wieviele Neugründungen nur deshalb unterbleiben, weil sie sich angesichts der effektiven Lohnsummen- und Lohnkostenbelastung nicht mehr lohnen.

Denn auch das müssen die Gewerkschaften einsehen oder dazulernen: Betriebswirtschaftlich stört der hohe Lohn gleich zweimal, nämlich als Kosten- sowie – meist stärker – als Liquiditätsentzugsfaktor. Daß Lohn(stück)kosten über den Preis, der wiederum der Konkurrenz unterliegt, hereingespielt werden müssen, versteht jeder. Daß aber eine hohe Lohnsumme den Betrieb hinsichtlich seiner Liquidität, seiner Kapitalbasis und seines Kreditstandings viel gefährlicher belastet als ein noch so hoher Lohnstückkostenanteil, wird oft übersehen. Obwohl viele Ökonomie-Professoren mikroökonomisch argumentieren – Löhne sind Kostenfaktoren –, kennen sie die wahren Nöte der Einzelfirma häufig nicht genau genug. Denn Lohnzahlungen gehen, wann immer sie fällig werden, dem Cash-flow verloren; sie belasten die Liquidität der Einzelfirma. Im Gegensatz dazu sind Kapitalaufwendungen (Abschreibungen) zwar ein in die Verkaufspreise eingehender Kostenfaktor, doch stärken sie die Firmen-Liquidität, denn sie verbleiben im Cash-flow des Unternehmens und helfen dadurch, Kredite wie Zinskosten zu sparen.

Man kann daher als immer wieder bestätigte Faustregel festhalten: In der Großunternehmung mit für die Investitionsentscheidung zentraler Cash-flow-Budgetierung werden Arbeitskräfte wegrationalisiert, weil die wie eine Dividende auszuschüttende Lohn(summen)belastung das Unternehmen schwächt, seine Eigenkapitalbasis erodiert und seine Kredit- und Zinskostenbelastung erhöht. Infolgedessen stören weniger die hohen Lohnsätze als die hohen Lohnsummen, die aber senkt man durch Reduzierung der Arbeitsmenge, nicht ihrer Kosten. In der Kleinunternehmung dagegen stört ein zu hoher Lohn, der weder durch eine Kostensenkung noch durch den Preiserhöhungsspielraum aufzufangen ist, direkt: Man kann ihn einfach nicht verdienen.

Entscheidend ist also, welche Unternehmensgröße man bei der Anwort, ob ein Lohn angemessen ist oder nicht, zugrundelegt. Für Kleinbetriebe ist und bleibt die ostdeutsche Hochlohnpolitik der Gewerkschaften ein Handicap: eben doch ein Vertrag zu Lasten Dritter, nur daß diese Dritten (nämlich die Unternehmer) die Lasten abwälzen auf den Staat und seine Sozialleistungssumme.

Die dritte Frage, welche Lohnpolitik auf die nächsten Jahre hinaus für Ostdeutschland angemessen ist, läßt sich gar nicht so leicht beantworten. Es ist nicht sinnvoll, eine nach Betriebsgrößen und -erträgen differenzierende Tarifgestaltung einzuführen, eine Politik der Haustarife, wie es die Arbeitgeberseite aus verständlichen Gründen fordert – und leider auch die tonangebende Mehrheitsfraktion der Schulökonomen, die es eigentlich besser wissen müßte. Denn Haustarife funktionieren nicht. Sie führen zu einem Run auf die besser bezahlten Jobs in den Großunternehmen, lösen aber gerade dort eine Tendenz zur Nivellierung nach unten aus, was wiederum den Trend zur Modernisierung, Rationalisierung und Kapitalintensivierung verlangsamt. Man besetzt Stellen mit Arbeit, die auch ein Computer leisten könnte, womit man in Ostdeutschland genau das verewigt, was man beseitigen muß – die Unwirtschaftlichkeit aus zuviel Arbeits- und zu wenig Kapitaleinsatz. Schumpeter hätte eingewendet: Man stellt dadurch nicht optimale, sondern falsche Faktorkombinationen her, die à la longue nicht marktwirtschaftliche Effizienz verbürgen, sondern die Entstehung eines Mezzogiorno, denn auch in Süditalien reagierte man auf die Herausforderung aus dem Norden mit niedrigen Löhnen.

Nicht erst zu reden davon, daß man mit dieser Lohnpolitik des vorigen Jahrhunderts mehr als ein Jahrhundert westlicher Gewerkschaftstradition rückgängig machen würde: Der Faktor Arbeit kehrte reumütig unter das Kommando des Faktors Kapital zurück, statt gleichberechtigt mit ihm zu verhandeln. Wenn man im Westen nach einem Weg sucht, Karl Marx im deutschen Osten wieder zu rehabilitieren: Mit der Politik der Haustarife hätte man ihn gefunden!

Es ist aber ebensowenig sinnvoll, wenn anderseits Gewerkschaften zur Rechtfertigung ihrer für Ostdeutschland angestrebten Lohnparität zu Westdeutschland ihr Uralt-Lavendel-Konzept der zu sichernden Kaufkraft Ost bemühen. Die Kaufkraft im deutschen Osten wird durch die Transfers gesichert. Zu hohe Löhne können die Kaufkraft nur gefährden, wenn sie zu weiterer, sich noch verstärkender Arbeitslosigkeit führen. Es geht in den neuen Bundesländern nicht darum, einen vorhandenen und intakten, aber leider nicht voll ausgelasteten Kapitalstock mit neuer Nachfrage auf alte Produkte, die niemand mehr abnehmen will, rentabel zu machen (ein Fall, den Keynes im Auge hatte, als es um die Überwindung der Unterbeschäftigungskrisen der dreißiger Jahre ging). Nur: In der ehemaligen DDR registrieren wir zwar dieselben Symptome wie 1931, doch diese haben andere Ursachen.

Es geht nicht um die Auslastung alter Kapitalstocks, sondern die Schaffung neuer, die sich am Markt und im Wettbewerb bewähren müssen, und das ist eben nicht der Keynessche Fall. Die jetzige Unterbeschäftigung kommt aus dem Mangel an (neuem) Kapital und eben nicht aus fehlender Nachfrage nach alten Produkten, sondern aus dem fehlenden Angebot an neuen Produkten, was etwas anderes ist.

Man steckt also in dem Dilemma, daß beide Standardargumente zur ostdeutschen Lohnpolitik nur teilweise richtig sind und auch nicht dadurch besser werden, daß man sie pausenlos wiederholt. Richtig am Haustarifargument ist, daß kein Unternehmen – zumal kein kleines, mittelständisches – auf Dauer Löhne»auf Vorschuß« zahlen kann, nämlich solche, die es mangels zureichender Produktivität der Arbeit nicht verdient. Dennoch ist der daraus abgeleitete Satz, daß alles, was gut für die Einzelfirma ist, auch gut für die Gesamtheit aller Einzelfirmen (nämlich die ostdeutsche Volkswirtschaft) ist, in keiner Weise generalisierbar. Denn gerade diese Volkswirtschaft braucht eine andere Lohnpolitik als viele ihrer Einzelfirmen. Zwar ist die gewerkschaftliche Begründung für ein möglichst dem westdeutschen Niveau angenähertes Lohnsystem im deutschen Osten falsch, aber das, was die Gewerkschaften damit erreichen wollen, ist hundertprozent richtig: Man kann kein geteiltes Lohnniveau in einem sonst einheitlichen Marktgebiet praktizieren. Die Strafe sind schlimme Verwerfungen, sich verfestigende Niveau- und Strukturunterschiede in Produktivität und Wettbewerbsfähigkeit wie auch falsche Wanderungen von Kapital und Arbeit. Braucht man Differenzierungen im Lohnniveau, um das Ertragsgefälle in der Firmenwelt auszugleichen, muß man sich notgedrungen auf die Marktkräfte beschränken und verlassen. Längst zeigt sich am Arbeitsmarkt in Deutschland West wie Ost, wo die Macht des Tarifkartells der organisierten Arbeitgeber und Arbeitnehmer endet – in den Differenzierungen zwischen tariflichem Soll und marktwirtschaftlichem und effektivem Ist. Im bislang prosperierenden Westdeutschland überholen die Effektivlöhne die Tariflöhne, im krisengebeutelten Ostdeutschland ist es umgekehrt: Hier bilden die Tariflöhne die nur selten erreichte Obergrenze der wirklich gezahlten Löhne. Der Markt ist das Sprachrohr der Unternehmer, nicht immer der eigene Verband. Doch davon später mehr unter Auswege, Punkt vier.

Prüfen wir, welche Argumente für eine möglichst einheitliche und nur durch die (regionalen) Arbeitsmarktverhältnisse differenzierte Lohnpolitik für ganz Deutschland sprechen.

Erstens dürfen Lohnhöhe und Qualifikationsniveau nicht allzu willkürlich entkoppelt werden; denn so unqualifiziert die Gesamtwirtschaftsplanung in der früheren DDR auch gewesen sein mag, der Ausbildungsgrad der beiden deutschen Bevölkerungen unterschied sich kaum. Allenfalls die Ausbildungsinhalte differierten: In der DDR gab es mehr technisch, in der Bundesrepublik mehr wirtschaftlich ausgebildete Arbeitskräfte. Nicht zuletzt das hohe Qualifizierungsniveau ostdeutscher Techniker erklärt schließlich die hohen Zuwanderer- und Pendler-Zahlen der ersten drei Jahre deutscher Einheit. Die Fachkräfte sind hier wie dort gut verwendbar.

Gleichzeitig markiert das außerordentliche Know-how-Niveau der ostdeutschen Arbeitnehmer die Untergrenze für Lohn-

und Einkommensdisparitäten zwischen Deutschland West und Ost. Bleiben die Ostlöhne zu stark hinter den westdeutschen zurück, droht nicht nur eine gewaltige Zuwanderung in den Westen mit all ihren sozialen Zusatzkosten; Ostdeutschland verlöre auch einen seiner hervorragendsten Standortvorzüge für private Neuinvestitionen: das hohe Niveau seiner verfügbaren Arbeitskräfte.

Zweitens hängen Lohnhöhe, Modernisierungsgrad, Produktivitätsstärke und Wettbewerbschancen einer Wirtschaft eng zusammen. Kapitalintensive Technik und Arbeitsplatzausstattung lohnen sich nur dort, wo Arbeit zwar nicht eigentlich knapp, aber doch hinreichend teuer ist. Die USA hätten sich niemals in so verhältnismäßig kurzer Zeit von einem Agrar- und Viehzüchterland zur führenden Industrienation entwickelt, wenn nicht ihr traditionell hohes Lohnniveau als Rationalisierungspeitsche gewirkt hätte.

Im Falle Ostdeutschlands, wo Arbeitskraft – obwohl reichlich vorhanden – relativ teuer ist, liegen die Dinge komplizierter. Die ostdeutsche Arbeit muß einerseits verbilligt werden, damit neue Investitionen im Mittelstand rentabler werden. Andererseits jedoch gefährdet ein generelles »Billig-Lohn-Niveau« den Modernisierungsgrad der Wirtschaft; es kann sich ja nicht nur um Zulieferindustrien handeln, die jetzt in Ostdeutschland aufzubauen sind, gleichsam als »verlängerte Werkbank« der alten Bundesrepublik. Im Osten Deutschlands muß vielmehr eine Wirtschaft mit eigenem Profil entstehen, nämlich mit eigenen Strukturen und eigenen Märkten, gestützt auf eine Arbeitsbevölkerung, die für eine Qualifizierung auch entsprechend hoch entlohnt werden muß, nämlich nach Weststandards.

Wie läßt sich dieses Dilemma, daß man beschäftigungspolitisch eher niedrige, strukturpolitisch dagegen angemessene Löhne braucht, auflösen? Wir deuteten die Antwort bereits an: Indem der Staat die Marktkräfte, die ohnehin auf einen Ausgleich zielen, sowohl forciert wie entlastet. Man kann die Investitionsrechnung beispielsweise extern entlasten: durch eine günstige Infrastruktur, eine gute Verkehrsanbindung, niedrige Transportkosten, durch billige Energieversorgung, qualifizierte Arbeitskräfte sowie eine hohe, den Standort der Betriebe aufwertende Lebensqualität, ein reichhaltiges Kulturangebot bei sauberer Luft, belebter Landschaft und so fort.

Die privaten Investitionskosten dagegen könnten ganz wesentlich reduziert werden, wenn es der Politik gelänge, für die Konkurrenzfähigkeit und das Marketing der Betriebe wichtige externe Standortfaktoren zu verbilligen, möglicherweise für eine Übergangsphase sogar gratis bereitzustellen. Seit es so etwas wie eine Standorttheorie gibt, weiß man ja auch außerhalb der Wissenschaft, daß die Zeiten der »natürlichen« Standortvorteile längst vorüber sind. Zwar müssen See- und Binnenhäfen nach wie vor am Wasser liegen, aber Produktions- und Verarbeitungsbetriebe sind nicht mehr auf Flußläufe als Energiebringer und Handelswege angewiesen. Seit sich von Energie bis zu Rohstoffen und Fertigwaren fast alles transportieren läßt, können Standortvorteile auch künstlich geschaffen werden: durch die staatliche Bereitstellung infrastruktureller Vorleistungen wie Elektrizitäts- und Straßennetz, Eisenbahnanschlüssen und anderes mehr und durch deren günstige, nicht unbedingt kostendeckende Tarife.

Im Falle der früheren DDR geht es nun einerseits darum, alte Produktionszentren, die heute im Wettbewerb nicht mehr mithalten können, dadurch zu erhalten, daß man ihre Infrastrukturausstattung entscheidend verbessert und verbilligt und ihre Umweltqualität erhöht. Die Investoren, die mit neuen Produkten und Verfahren das alte Industriegebiet sanieren wollen, werden dann durch die gesparten Marktzugangskosten geworben, deren Wert sie genau zu veranschlagen wissen. Anderseits aber geht es darum, jenen Teil der »sozialistischen Erblast« aufzuarbeiten, der darin besteht, daß ganz unersetzliche Wirtschaftsstrukturen in den neuen Bundesländern fehlen, weil sie im Sozialismus gnadenlos liquidiert worden sind – Handwerk und Handel, das gesamte Feld der Dienstleistungen und die sich selbst vermarktende Landwirtschaft, außerdem eine dem Privatsektor zugeordnete Bau- und Wohnungswirtschaft. Diese Strukturen müssen nicht nur neu geschaffen, sie müssen auch an den richtigen Stellen eingerichtet werden. Und sie dürfen nicht dazu da sein, alte, kaum noch zu rettende Produktionen zu ersetzen, sondern müssen die aus der Liquidation der alten Kombinate entstandenen Freiräume sinnvoll auffüllen, industriell wie landwirtschaftlich. Letzteres gilt vor allem für die Masse der zwar privatisierten, aber noch keineswegs in die deutsche und europäische Landwirtschaft integrierten Landwirtschaftlichen Produktionsgenossenschaften (LPG). Wenn irgendwo bloße Privatisierung zu kurz greift, dann hier. Denn LPG bedeutete nicht nur kollektive Betriebsführung, Produktion und Ablieferung; es war der untaugliche Versuch, einen Bauernhof mit seiner von der Natur vorgegebenen Produktionsvielfalt und seinen Anbau- und Bewirtschaftungsmethoden über den Leisten eines agrarischen Industriekonzerns zu schlagen. Die Zusammenfassung ganzer Dörfer und Kreise zu einem Regionalkonzern mit quasi industrieller Planung, inhuman, unwirtschaftlich und unökologisch, wie sie war, konnte nur mit einem Fiasko enden. Mit der Zeit verlor fast jede LPG-Führung entweder die Betriebsübersicht oder die für die Erhaltung solcher Monsterbetriebe unerläßliche Konstanz der Planzuteilungen – vom Benzin bis zu den Ersatzteilen –, wenn nicht sogar beides. Obwohl die DDR-Agrarpreise die der EG um ein Beträchtliches überstiegen, produzierten die LPG zunehmend Verluste, und ihr Zusammenbruch hat nicht nur im Agrarischen ein Ödland hinterlassen, das nach manchen Schätzungen bis zu vierzig Prozent der Fläche der neuen Bundesländer ausmachen könnte. Doch davon mehr in Sünde sechs.

Mit anderen Worten: Der Zusammenbruch der DDR-Produktionswirtschaft, der industriellen wie der agrarischen, eröffnet staatlicher Raum- und Strukturpolitik ein weites Feld, das dringend bestellt werden muß. Hier muß durch staatliche Primärinvestitionen in Infrastruktur, Öko-Altlastenbeseitigung und anderes mehr überhaupt erst einmal eine Basis für private Sekundärinvestitionen jedweder Art geschaffen werden. Es geht also um Dinge, die man seit den Maastrichter Verträgen mit dem Begriff staatlich geplanter Industriepolitik bezeichnet, ein Gedanke, der nirgendwo auf so heftige Ablehnung gestoßen ist wie gerade in Deutschland, und zwar gleichermaßen bei Regierung, Opposition und Wirtschaft. Nur: Wer dergleichen aus »ordnungspolitischer« Sicht als Sünde wider den Geist der Marktwirtschaft verketzert, verwechselt – um mit Walter Eucken zu sprechen, dem geistigen Vater der sozialen Marktwirtschaft – »Prinzip« und »Moment«. »Die Wirtschaftspolitik«, so schrieb Eucken, »hat die Neigung, entweder in einen unrealistischen Doktrinarismus zu verfallen, der die jeweilige historische Situation nicht berücksichtigt, oder in einen ungrundsätzlichen Punktualismus, der die Wirtschaftspolitik zu einem Chaos unzusammenhängender oder widerspruchsvoller Maßnahmen macht.« Deswegen – so fährt er fort – müssen die konstituierenden Prinzipien der Marktwirtschaft wie Wettbewerb, Privateigentum und stabiles Geld stets durch regulative Prinzipien konkretisiert werden.

Worin diese bestehen, hat erst kürzlich Otto Schlecht – er diente allen west- und gesamtdeutschen Wirtschaftsministern von Ludwig Erhard bis Jürgen Möllemann – auf den Punkt gebracht: »Da es keine Garantie für eine prästabilisierte Harmonie gibt, bedarf die marktwirtschaftliche Steuerung im Interesse von Stabilität und Beschäftigung der Ergänzung durch eine gesamtwirtschaftlich orientierte Makropolitik, die im Rahmen einer mittelfristigen Wachstumsstrategie günstige Bedingungen für Investitionen, Innovationen und Beschäftigung schafft. Dazu gehört die Bereitstellung von Infrastrukturleistungen; hierbei sollte der Staat möglichst die Effizienz marktwirtschaftlicher Mechanismen nutzen. In besonderen Fällen, bei Konjunktureinbrüchen und Strukturproblemen, ist die mittelfristige Wachstumsstrategie durch marktkonforme Stabilisierungs- und Anpassungsmaßnahmen zu ergänzen.«

Es reicht eben nicht aus, in Westdeutschland eine auf stetiges, in Ostdeutschland hingegen eine auf forciertes und gleichsam nachholendes Wirtschaftswachstum gerichtete Makropolitik bei genereller lohnpolitischer Zurückhaltung zu betreiben, wie es das Konzept der Bundesregierung letztlich vorsieht. Genau das wäre eine Ordnungspolitik im falsch verstandenen Sinne. Maastrichter EG-Verträge her oder hin: Selbst wenn man mit guten, aus deutsch-deutschen Erfahrungen gewonnenen Gründen gegen eine europäische Währungsunion sein kann in puncto regionaler und sektoraler Struktur- und Industriepolitik, können die deutschen Politiker der Brüsseler Kommission nur dankbar sein. Denn Maastricht erlaubt nicht nur eine solche Politik, sondern schreibt und finanziert sie vor! Und wenn die staatliche Förderung von Agrar- und Industrieproduktion gut ist für Europas schwache Regionen von Irland über Iberien, Südfrankreich und dem Mezzogiorno bis nach Griechenland, dann ist sie auch gut für den deutschen Osten. Gerade weil er unter den gegebenen Umständen so wenig Chancen hat, Attraktivität für Neuinvestitionen und Innovationen zu entwickeln, muß die fehlende Anziehungskraft wirtschaftspolitisch hergestellt werden durch vom Staat gesetzte Daten, Strukturausgleichsmaßnahmen und Standortvorteile.

Arbeit in den neuen Bundesländern entsteht weder durch marktferne Weiterbeschäftigung in Not- und Sanierungsbetrieben noch durch lohnpolitische Zurückhaltung allein. Der Ton liegt auf dem Wörtchen allein. So richtig es ist, daß man mit lohnpolitischen Parforceritten wie einer vorschnellen Lohnangleichungspolitik nichts anderes bewirken kann als das Scheuen der kleinen Investitionsgäule vor der Kostenhürde, so realitätsfern ist es andererseits, von der bloßen Umkehrung dieser Politik eine Wende zum Besseren zu erwarten. Der lohnpolitische Zügel mag noch so stark angezogen werden, er bleibt als Signal zu schwach, um die Investitionsgäule zum Traben zu bringen, und diese wissen ja nicht einmal, in welche Richtung sie laufen sollen.

Deswegen kommt es entscheidend darauf an, den Arbeitsmarkt – jenen ersten und einzigen, der wirklich zählt – von der

Nachfrageseite – und das heißt von neuen Infrastruktur- und Industrieprogrammen her – zu entlasten. Das verlangt staatliche Programme und andere Standortverbilligungsmaßnahmen, welche die privaten Investitionen anziehen – ein Magneteffekt, auf den Verlaß ist. Die Vorreiterrolle des Staates für den Aufbau leistungsfähiger und beschäftigungbringender Strukturen unterschätzt, die Rolle der Lohnentlastung als Anreiz zur Investitionsförderung überschätzt zu haben – das ist noch immer die fünfte Todsünde der deutschen Vereinigung. Daß eine staatlich initiierte Investitionsoffensive mit dem Geist und Inhalt sozialer Marktwirtschaft vereinbar ist, bezeugen Ludwig Erhard, Walter Eucken und Otto Schlecht. Bestätigen sie doch, daß das Problem ein altes marktwirtschaftliches ist und daß es keineswegs erst im Zuge der deutschen Wiedervereinigung entstand.

Sechste Sünde:

Die Instrumentalisierung des Rechts – Investitionsschwäche trotz »Vorfahrtsregeln«

In den neuen Bundesländern wird trotz massiver Förderung noch immer zu wenig investiert, auch wenn der Investitionsfluß mittlerweile breiter geworden ist. Im Jahr 1992 wurden 109 Milliarden DM investiert, davon knapp zwei Drittel – 60 Milliarden DM – im harten Bereich der neuen Privatunternehmen; im Jahr zuvor waren es nur 83 Milliarden DM respektive 41 Milliarden DM gewesen. Doch selbst Zuwächse um ein Drittel und – in realer Rechnung – um ein Viertel reichen nicht aus, um Kapitalausstattung und Produktivität pro Arbeitsplatz auch nur annähernd an westliche, geschweige denn westdeutsche Verhältnisse heranzuführen.

Mit einem Pro-Kopf-BIP, das 1991 noch nicht einmal auf 40 Prozent des EG-Durchschnitts kam und damit niedriger liegt als das in Portugal oder Griechenland, ist Ostdeutschland nicht nur die strukturschwächste Region Deutschlands, sondern der gesamten Europäischen Gemeinschaft. Und solange das so bleibt, ist es um die Markt- und Wettbewerbschancen der dort ansässigen Betriebe ebenso schlecht bestellt wie um ihre Fähigkeit, Arbeitslöhne zu zahlen, die westdeutschen Standards entsprechen.

Wenn es nicht in absehbarer Zeit gelingt, den ostdeutschen Kapitalstock – zumal in der neu entstehenden Privatwirtschaft – zu verstärken und zu vertiefen, wird es nicht zu dem erhofften Angleichungsprozeß an Westdeutschland kommen, sondern zur Verfestigung von Abwanderung und Massenarbeitslosigkeit mit all jenen negativen Folgen für die soziale und politische Stabi-

90

lität, die sich schon jetzt andeuten. Zudem wird der sich von 1993 an intensivierende europäische Binnenmarkt den bislang nur von Westdeutschland ausgehenden Angebotsschock für die ostdeutsche Wirtschaft verstärken. Denn Europa, das sind ja nicht nur 340 Millionen Konsumenten, sondern einige Zehntausend leistungsstarke Produzenten und Konkurrenten mehr, die sich auch vor der Haustür der jungen ostdeutschen Unternehmen ihre Marktanteile sichern werden.

Was – so muß gefragt werden – läßt trotz extrem günstiger Finanzierungskosten und öffentlicher Kapitalsubventionen noch immer so viele Interessenten bei ihrem Engagement in den neuen Bundesländern zögern? Der Sachverständigenrat hat die Palette dieser als Investitionshemmnisse genannten Gründe in seinem Jahresgutachten 1992/93 zusammengefaßt (siehe Schaubilder). Mit weitem Abstand vor anderen werden genannt: Rechtsunsicherheit in Eigentumsfragen sowie mangelnde Funktionsfähigkeit der neu etablierten Verwaltungen in Ländern und Gemeinden.

Besonders der erste Grund läßt staunen. War es doch das erklärte Ziel der Fusion beider deutscher Nachkriegsstaaten, die Rechtseinheit in ganz Deutschland wiederherzustellen und Rechtssicherheit für alle erkennbare Zukunft zu garantieren; so ist es festgelegt im Einigungsvertrag und im Einigungsvertragsgesetz.

Ein anderer Rechtsboden für die auf dem Gebiet der früheren DDR neu zu errichtende Marktwirtschaft wäre ja auch gar nicht denkbar gewesen. Marktwirtschaft und bürgerliches Recht sind siamesische Zwillinge, die man nicht voneinander trennen kann. Erst Privateigentum, Vertragsrecht, Haftung und offener Zutritt zu den Märkten stecken, um es zu wiederholen, den Freiraum ab, in dem sich Phantasie und Initiative ausbreiten, private Ideen, Pläne, Projekte realisieren und durch ein Netzwerk von Liefer-, Verbreitungs-, Verkaufs- und Kreditverträgen vermarkten lassen.

Die Schaffung dieses rechtlich gesicherten Freiraums, in dem

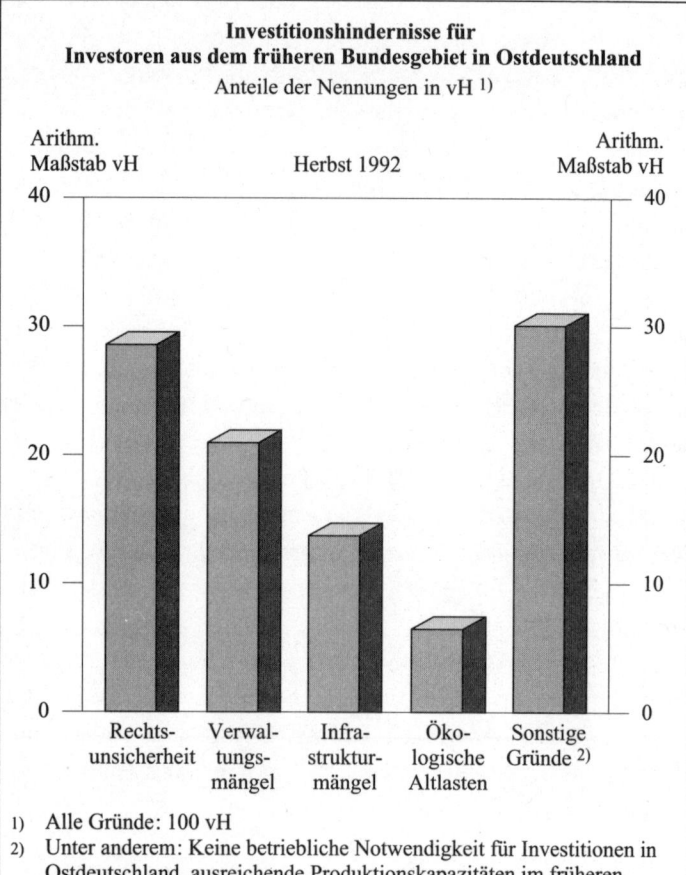

**Investitionshindernisse für
Investoren aus dem früheren Bundesgebiet in Ostdeutschland**
Anteile der Nennungen in vH [1]

Arithm.
Maßstab vH   Herbst 1992

Arithm.
Maßstab vH

| Rechts-unsicherheit | Verwal-tungs-mängel | Infra-struktur-mängel | Öko-logische Altlasten | Sonstige Gründe [2] |

[1] Alle Gründe: 100 vH
[2] Unter anderem: Keine betriebliche Notwendigkeit für Investitionen in
Ostdeutschland, ausreichende Produktionskapazitäten im früheren
Bundesgebiet, zu schneller Rückgang des Lohnkostenvorteils der neuen
Bundesländer, Kosten der Sozialpläne, überzogene Grundstückspreise

Quelle: Deutscher Industrie- und Handelstag

allein Marktwirtschaft entstehen und gedeihen kann, ist das eine.
Das andere aber ist, daß dieser Freiraum für alle Interessenten
gleich offen, transparent und zugänglich sein muß, damit bei der
Markterschließung nicht unterschiedliche Risiken entstehen.
Und die Frage ist: Was nützt das eine, wenn es das andere nur
zum Teil oder bedingt gibt?
Im untergegangenen Realsozialismus existierten überhaupt

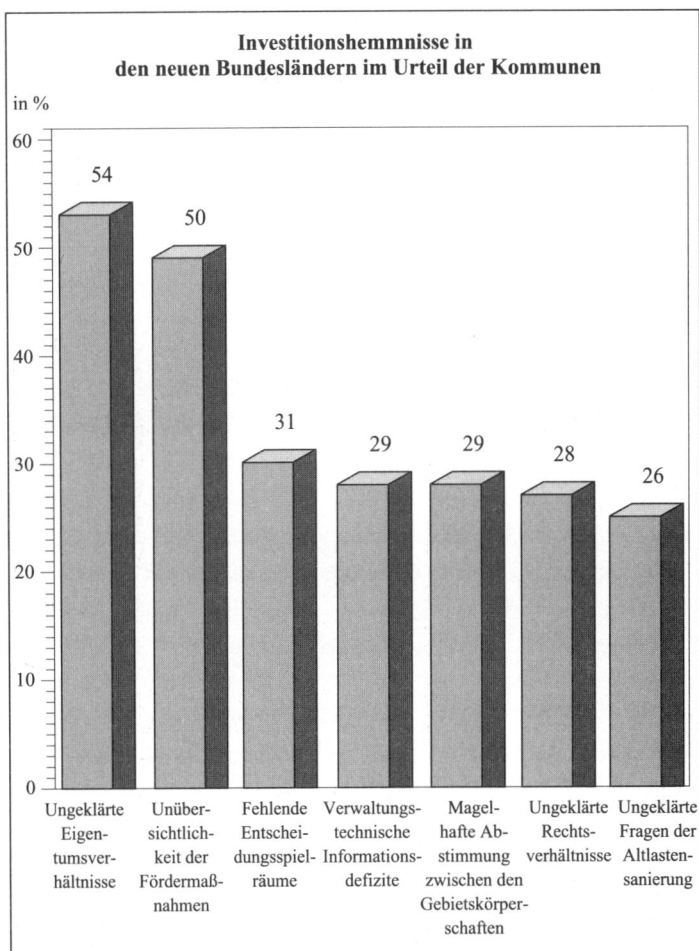

Investitionshemmnisse in den neuen Bundesländern im Urteil der Kommunen

in %

Ungeklärte Eigentumsverhältnisse	54
Unübersichtlichkeit der Fördermaßnahmen	50
Fehlende Entscheidungsspielräume	31
Verwaltungstechnische Informationsdefizite	29
Magelhafte Abstimmung zwischen den Gebietskörperschaften	29
Ungeklärte Rechtsverhältnisse	28
Ungeklärte Fragen der Altlastensanierung	26

Quelle: Ifo

keine Freiräume für ein marktwirtschaftliches, eigenverantwortliches Handeln. Die politische und wirtschaftliche Führung nahm sich, ganz in der Tradition ägyptischer Gottkönige und sumerischer Stadtgötter, das Recht heraus, dem einzelnen gemäß Plan zuzuweisen, was er haben sollte: Arbeit, Einkommen, Versorgungsgüter – und all dies notfalls sogar auf einem »Schwarz«-Markt, den man in Gestalt der HO- und Intershop-Läden notgedrungen legalisierte, um Engpässe zu vermeiden.

In der westlich geprägten Marktwirtschaft, die ja nicht zufällig zeitgleich mit der Aufklärung, der Demokratie und dem Parlamentarismus entstanden ist, geht es um das genaue Gegenteil. Souverän gewordene Bürger drängen den absolutistischen Staat zurück, verweisen ihn durch Verfassung, Gewaltenteilung, Menschenrechte und Zivilrecht in seine Schranken. Erst in diesem Klima, gestützt auf diese Rechte konnte es ein zunehmend selbstbewußteres Bürgertum wagen, die ihm »von Natur aus« zustehenden Rechte einzuklagen, wobei im historischen Rückblick nicht mehr eindeutig auszumachen ist, was hier was hervorgebracht hat: der »Geist der Gesetze« (Montesquieu) das neue Selbstbewußtsein der Bürger oder das neu erworbene Geld den neuen Geist und das neue Bewußtsein.

Offensichtlich aber ist: Weder der Westen Europas noch das von hier aus erschlossene Nordamerika hätten ohne die von den bürgerlichen Revolutionen erkämpften marktwirtschaftlichen Freiräume ihre ebenso schnelle wie unumkehrbare Wandlung von einer primitiven, feudalistisch geordneten Agrar- zu einer modernen Industrie- und Marktgesellschaft zu vollziehen vermocht – so wenig wie die von dieser Entwicklung verschonten Territorien Ost- und Südosteuropas. Wie sehr dieser Take-off im Westen die Zeitgenossen faszinierte, bezeugen die großen Ökonomen von David Hume über Adam Smith bis zu Karl Marx. Auch wenn letzterer aus den »inneren Widersprüchen« des aufsteigenden Kapitalismus den ganz und gar ahistorischen Schluß zog, daß man auf die Planwirtschaft zurückgreifen müsse, bleibt ja sein Rang als Analytiker eben dieses Kapitalismus unbestritten.

Der Ex-DDR widerfuhr als einzigem der ehemals realsozialistischen Bruderstaaten das Glück, ihren Einstieg in die Marktwirtschaft ganz ohne quälendes Tasten, Irren und Laborieren beginnen zu können. Sie übernahm ganz einfach von ihrem westdeutschen Partner die beiden großen R (Rechnen und Recht), die für jede effizient arbeitende Marktwirtschaft unerläßlich sind: das richtige Rechnen über die DM, ein ebenso wertstabiles wie

94

international akzeptiertes Geldmittel, und das ebenso unerläßliche Zivilrecht, auch wenn letzterem durch das DDR-Zivilgesetzbuch von 1972 schon der Boden bereitet worden war. Zumindest in dieser Hinsicht war nämlich der Rechtsgraben zwischen den beiden Deutschlands nicht ganz so breit und unüberbrückbar wie vielfach dargestellt.

Was und wieviel dieses Einbringungsgut bedeutet, erschließt sich nur aus dem Vergleich mit den anderen Reformstaaten des früheren Realsozialismus. Hatte man doch im Menschen immer nur einen Produktionsfaktor gesehen, der ganz und gar zur Disposition der Obrigkeit stand – also weder einen Träger unveräußerlicher Rechte noch den Planer und Vollführer eigener Projekte. Ob das heutige Rußland oder die Volksrepublik China (die ja ihre Reformen ganz auf die Wirtschaft beschränkt): Hier wie dort tut man sich äußerst schwer mit der Herstellung jener staatsfreien Rechtssphäre, die für das Gedeihen einer Marktwirtschaft nun einmal unerläßlich ist. Im einen wie im anderen Fall sieht es fast so aus, als ob man just an dieser Rahmenbedingung scheitern würde.

Demgegenüber macht man in den neuen Bundesländern lediglich den Fehler, den Startvorteil der beiden großen R gründlich zu verspielen. Wir sahen schon: Die DM, ohne jeden produktionssichernden Flankenschutz eingeführt, erweist sich als Abrißbirne für eine Wirtschaft, die einstmals sogar in bescheidenem Umfang zu florieren vermochte. Die Rechtseinheit der beiden Nachkriegsdeutschlands wird zunehmend durchlöchert und infrage gestellt durch immer neue Sonderregelungen für Investoren, die in Wahrheit nichts als die Zweit-Enteignung der bereits hinreichend geschädigten Alt-Eigentümer der DDR betreiben.

Inzwischen ist es soweit gekommen, daß der klaren Rechtslage für Investitionen im westlichen Deutschland eine zunehmend unklare im anderen Teil des Landes gegenübersteht. Denn gleichviel ob Rückgabe oder Entschädigung, der Alt-Eigentümer muß mit einer Vielzahl von Nachweisen, Auflagen, bürokratischen Verzögerungen rechnen, der Neu-Eigentümer mit der

Rechtsunsicherheit seiner Titel. Einiges liegt in der Natur der Sache selbst, aber nicht alles. Die Konsequenz liegt auf der Hand: Warum soll ein Neu-Investor – vor die Wahl gestellt, sein Geld in den neuen oder in den alten Bundesländern anzulegen – den Raum vorziehen, in dem die Unsicherheit am größten ist und die Risiken kaum zu berechnen sind? Sein Einsatz wird zwar erheblich subventioniert, aber was ist das schon, wenn ihm Rechtsnachteile anderer Art drohen: Alt-Eigentümer-Vorbehalte, Entschädigungsansprüche, soziale und ökologische Auflagen und ähnliches.

Werden zum Ausgleich solcher Risiken besondere Vorteile angeboten, dann wird aus dem marktwirtschaftlichen Investitionskalkül, daß sich das eingesetzte Kapital angemessen verzinsen und vermehren muß, ein undurchsichtiger, nur selten korruptionsfreier Kuhhandel. Der potentielle Investor erwartet Sondervorteile – Zuschläge unter dem Wert der betreffenden Ressourcen, Steuerfreiheiten, Infrastrukturgeschenke –, die ihm vom jeweiligen Interessenten, sei dieser das Land, die Gemeinde oder die Treuhand, um so bereitwilliger gewährt werden, je weniger er sie selber zahlen und verantworten muß. Was an den Mann gebracht werden muß, ist ja nominelles Staatseigentum der früheren DDR, die es entweder selber übernommen oder – was die Regel sein dürfte – ihren Bürgern weggenommen hat. Und weil es diesen Staat nicht mehr gibt, ist es nun die einfachste Sache der Welt, sein einstiges Vermögen, wie unrechtmäßig auch immer erworben, zu Gefälligkeitspreisen zu verramschen. Es handelt sich ja jetzt um »sozialistische Erblast«, keineswegs um Sünden wider den Geist von Rechtsstaat und Marktwirtschaft, denen solches Gebaren fremd ist.

Hinzu kommen die aus der Eigentumsunsicherheit folgenden Finanzierungsprobleme. Mit Entschädigungsansprüchen belastete Grundstücke sind nur begrenzt beleihungsfähig, wenn überhaupt. Und wenn auch keine Statistik die Zahl und Motive derjenigen verzeichnet, die es ablehnen, sich auf derart unsicherem Rechtsboden mit Firmennamen, Geld und Good-will zu engagieren, muß es doch zu denken geben, wie wenig wirklich erste Adressen aus dem In- und Ausland bislang ein Interesse an Engagements in Ostdeutschland haben erkennen lassen.

Die neue Instrumentalisierung des Rechts – sie mag im Dienste noch so vernünftiger wirtschaftspolitischer Ziele stehen – gleicht nun einmal der alten kommunistischen Praxis, nur eben unter anderem Vorzeichen. »Wollt ihr die bürgerliche Gesellschaft zerstören, so müßt ihr nur ihr Geldwesen ruinieren«, soll Lenin gesagt haben. Er hätte lediglich hinzufügen müssen: »... und die Rechtsordnung auch.« Für Kommunisten waren Gesetze und Verordnungen nicht »Recht«, sondern »Instrumente« autoritärer Staatsführung. Mit ihrer Hilfe wies man die volkswirtschaftlichen Ressourcen ihren Verarbeitern zu, um sie anschließend über gelenkte Einkommen und Preise an die Verbraucher zu verteilen.

Und wie ist das heute in den ihre Marktwirtschaft auf- und ausbauenden Bundesländern? Der wiedereingeführte Rechtsstaat hat schwerwiegende Konzessionen gemacht, oder besser: Er hat geglaubt, sie machen zu müssen. Die einen bezogen sich auf die Vergangenheit der DDR, die anderen beziehen sich nun auf die Zukunft der neuen Bundesländer.

Bislang waren Enteignungen, die vor 1949 verfügt wurden, endgültig und nicht mehr anfechtbar. Jetzt muß man abwarten, welche neuen Einsichten die sogenannte Gerster-Kommission bringen wird. Doch was ist das für ein Recht, das den Rückgabe- oder Entschädigungsgrundsatz nicht für jene gelten läßt, die das Unglück hatten, schon vor der Geburt der DDR beraubt worden zu sein!

Die Begründungen könnten fadenscheiniger nicht sein. Einmal war es die sowjetische Besatzungsmacht, die diese Enteignungen verfügte, und nicht der DDR-Gesetzgeber. Dann – so las man es später – war es die Regierung der damaligen UdSSR unter Gorbatschow, die die Anerkennung »ihrer« Enteignungen zur Bedingung ihrer Zustimmung zur deutschen Wiedervereinigung gemacht habe. Und schließlich argumentierten findige Juristen, daß es die Eigentumsgarantie des Bonner Grundgesetzes (Artikel 14) vor 1949 nicht gegeben habe; das Grundgesetz der Bundesrepublik sei ja erst im Mai 1949 in Kraft getreten. Die erste Behauptung ist bereits widerlegt. Die Initiative für die Enteignung des agrarischen Grundbesitzes, der keineswegs nur der Großgrundbesitz der ostelbischen Junker war, ging von den deutschen Kommunisten aus. Sie leitete die Kolchosierung der DDR-Landwirtschaft in Form der LPG ein. Die sowjetische Besatzungsmacht handelte dabei lediglich im Auftrag der noch nicht inthronisierten DDR-Regierung, *praeter legem*.

Der zweiten Behauptung hat kein Geringerer als Gorbatschow selbst widersprochen: Er habe sich zu keinem Zeitpunkt in die inneren Angelegenheiten der DDR eingemischt. Und doch stützten sich die beiden letzten DDR-Ministerpräsidenten Modrow und de Maizière gerade auf dieses Argument, als sie in den Beitrittsverhandlungen auf der Anerkennung »dieser Forderung Sowjet-Rußlands« bestanden.

Der Einwand schließlich, vor dem Bonner Grundgesetz habe es keinen Rechtsschutz für Eigentum gegeben, ist so wenig ernst zu nehmen, daß sich eine Diskussion gar nicht lohnt. Die Frage ist vielmehr, warum dieses doppelte Eigentumsrecht trotz der Rechtsvereinigung so fatal ist. Die Antwort darauf lautet erstens: Weil es überflüssig ist. Warum verweigert man einer Handvoll ehemaliger Rittergutsbesitzer, Großbauern und Inhabern kleinerer Familienbetriebe ihr Recht, vor dem doch alle gleich sein sollten? Zweitens lautet die Antwort: Weil es sowohl die Reprivatisierung wie die Restrukturierung des größten Teils der ehemaligen DDR-Landwirtschaft blockiert. Denn die volkseigenen LPG gehen mangels anerkannter Alt-Eigentümer nahtlos in den Besitz der Treuhand über. Diese hat zwar inzwischen für die Mehrheit der Betriebe die Privatisierung angeordnet und aus Kolchosen private Genossenschaften, GmbH, KG oder Kombinationen daraus gemacht, aber sie hat dabei nur wenig an den alten unrentablen Strukturen geändert und kaum in die Zusammensetzung des altbewährten Führungspersonals eingegriffen.

Denn was geschah? Es entstanden zwei Typen von LPG: Aus den vor 1949 enteigneten Latifundien wurden echte Kolchosen, agrarische Großherzogtümer in Staatsbesitz, in denen bis zu einem Dutzend Dörfer und bis zu hundert Quadratkilometer Fläche bewirtschaftet wurden. Aber wie! In diesen »Musterbetrieben« trennte man Tierhaltung und Pflanzenproduktion, bäuerliche Planung und maschinelle Hilfsdienste, man zentralisierte die Vermarktung und schuf im Handumdrehen ein nicht weniger unökonomisches als unökologisches System – mit Menschen, die weder Bauern noch Landarbeiter waren, sondern Rüben- und Melkspezialisten, mit Flächen, die mangels Kuhdunk – das Vieh wurde ja kaserniert – mit Chemie übersättigt wurden, und mit Tieren, die keine Grünflächen und keinen blauen Himmel sahen. Wenn Kommunismus der organisierte Wahnsinn gewesen ist, dann hat sich dies nirgends so deutlich gezeigt wie hier.

Inzwischen gehört dieser Komplex nominell der Treuhand, und die hat zwar Entflechtung, Privatisierung und »Verbäuerlichung« angeordnet, kommt indessen überhaupt nicht weiter. Wie soll das auch gehen? Noch immer regieren in diesem kafkaesken Chaos die alten, im Sozialismus bewährten Chefs; wenn irgendwo rote Seilschaften überleben, dann hier, geschützt durch ein Recht, das eigentlich Unrecht ist.

Daneben gibt es jene LPG, die erst in einer zweiten Phase der Kollektivierung, zunehmend ab 1968, auf Genossenschaftsbasis gegründet wurden. Bei ihnen braucht lediglich Rechtsform und Firma geändert zu werden, denn im Kern sind diese Betriebe privat und kleinbäuerlich geblieben. Gerade sie aber müssen jetzt ums Überleben fürchten, weil auch sie, ganz wie die Staats-LPG, zum überwiegenden Teil in den roten Zahlen stecken. Während allerdings die von der Treuhand übernommenen Staatskolchosen entschuldet worden sind (die Treuhand kommt für deren alte Schulden und neue Zinsen auf), müssen die jetzt entstandenen, privaten Agrargenossenschaften den auf sie überkommenen Schuldendienst selber erwirtschaften. Diese Rechnung kann nicht aufgehen. Aus Schulden in DDR-Mark werden, um die

Hälfte vermindert, Schulden in DM, die nun jedoch zu zehn Prozent statt zu einem Prozent per annum verzinst werden müssen, und das bei einem Umsatz, der im Schnitt um zwei Drittel geringer geworden ist!

Wenn etwas aus der Agrargeschichte und der weltweiten Agrarentwicklung bis hin zu ihren jüngsten Krisen zu lernen ist, dann dieses: Agrarische Produktionsgenossenschaften, ob sozialistisch oder privat, waren noch nie ein Erfolg – weder in den Industrieländern noch in der Dritten oder ehemals realsozialistischen Welt, ja nicht einmal in Israel, wo die Kibbuzim zeitweilig Furore machten. Genossenschaftliche Erfolge erzielt man bei Einkauf oder Verkauf, bei Vertrieb, Vermarktung, Finanzierung, überall da also, wo die schwache Marktposition des einzelnen Kleinanbieters, Käufers oder Kreditkunden durch den genossenschaftlichen Zusammenhalt verstärkt und aufgewertet werden kann.

In der agrarischen Produktionswelt gelten andere Gesetze. Der älteste Unternehmer der Welt, der Bauer, muß seinen Betrieb so marktwirtschaftlich wie möglich leiten, wozu auch gehört, daß die für sein Kalkül maßgeblichen Preise stimmen und keine ihm »wohlwollende« Politik – die der früheren DDR wie der heutigen EG – sie nach oben verfälscht. Wo immer die Preise echt sind, bedrohen weder Hunger noch Mangel die Menschheit, und auch Überschußproduktionen dezimieren das verfügbare Realeinkommen und die mögliche Kapitalbildung nicht.

Die frühere DDR hat sich mit ihrem aus ideologischem Untertanengeist geborenen Kolchosenimport selbst geschadet und bis an den Rand des Bankrotts gebracht, und nicht nur des agrarischen. Doch es grenzt an Blindheit, wenn man diese Struktur jetzt konserviert, indem man eine Rechtslage herstellt, die jede Reform solange blockiert, bis es eine neue gibt.

Wenn eine Aufgabe die Treuhand überfordert, dann die, aus der maroden Landwirtschaft der DDR wieder ein blühendes Gewerbe zu machen. Und das ist durch den Bruch in der deutschen Rechtseinheit keinesfalls einfacher, sondern schwieriger geworden.

Ist es bloß ein Stil- oder schon Rechtsbruch, wenn das eherne Prinzip, daß enteignetes Vermögen vorrangig zurückgegeben werden muß und gegen den Willen seiner Eigentümer nicht an Dritte veräußert werden darf, zunehmend durchlöchert wird? Man glaubt, sich diese Sünde wider den Geist von Rechtsstaat und Marktwirtschaft leisten zu können, weil es darum geht, ökonomisch »totes Kapital« für aktive Neu-Investoren zu revitalisieren. Dynamische und innovatorische Investoren sind jetzt, so meint man, wichtiger als alte Besitzrechte.

Man könnte mit jenen Vorfahrtsregelungen für Neu-Investoren besser leben, wenn die Methode wenigstens durchschlagenden Erfolg hätte. Aber daran sind Zweifel erlaubt. Erstens kommt es zu einem unfairen, weil ungleichen Wettbewerb zwischen den alten Eigentümern und den neuen Interessenten um dasselbe Vermögensobjekt, sei dieses eine Immobilie, eine Fabrik oder was auch immer. Der Eigentümer muß in die Investitionsofferte seines Konkurrenten eintreten und erhält seinen Besitz nur dann zurück, wenn er ihn gleichsam ein zweites Mal zurückkauft. Kann er das nicht, muß er sich abfinden lassen; der Kauferlös seines Vermögens finanziert seine Entschädigung.

Dabei stellt sich nun – zweitens – die Frage, wer denn eigentlich die Investitionsauflagen bestimmt, die der Investor erfüllen muß und in die der Eigentümer, wenn er sein Objekt zurückerstattet haben will, eintreten kann – der Landkreis, die Gemeinde, die Treuhand? Und nach welchen Kriterien geschieht das? Wer die Praxis kennt, kommt zu dem Schluß: All dies ist Verhandlungssache, noch dazu eine wenig öffentliche. Die einen fordern horrende Abfindungssummen, die anderen, die sie zahlen sollen, klemmen sich hinter die Behörden. Sie sollen ihnen helfen, die Objekte billiger zu bekommen, indem sie die Alt-Eigentümer mit immer neuen Auflagen »verkaufsreif« machen. Dazwischen tummeln sich Heerscharen von Maklern, die sich mit dieser Art von Marktausgleich eine goldene Nase verdienen. Aber einen Markt, eine Börse, wo solche Objekte öffentlich versteigert werden, gibt es nicht. Eine an Marktkriterien orientierte Zuschlagspolitik existiert nicht, denn die Investitionsvergabe bleibt an Personen und Firmen gebunden, und zwar meist an solche, die über die notwendigen Beziehungen verfügen.

Diese Sonderregelungen schaffen ein Klima, das eher die Marktschließung als die Marktöffnung begünstigt. Insiderwissen ist wichtiger als Marktkenntnis und -erfahrung. Man veranstaltet einen Run auf Investitionsokkasionen, nur daß die dabei gemachten »Schnäppchen« zu Lasten Dritter gehen, eben der Alt-Eigentümer, der Treuhand oder des Steuerzahlers. Und bei alldem gibt es keinerlei Gewähr dafür, daß im Zuge dieser Willkürselektion auch die tüchtigsten Wirte – im volks- wie im betriebswirtschaftlichen Sinne – zum Zuge kommen.

Deshalb muß sich erst noch bestätigen, ob das Abgehen vom Vorrang der Eigentumsrückerstattung zugunsten einer Vorfahrtsregelung für Neu-Investoren dem Aufbau einer leistungsfähigen Marktwirtschaft genützt, ob es ihn maßgeblich beschleunigt hat. Denn auch dies gehört zum Charme von Rechtsstaat und Marktwirtschaft, daß sie auf lange Sicht mit der Befolgung ihrer Prinzipien meistens besser fahren als mit deren zweck- und zielgerichteter Verwässerung. Und so müssen wir es künftiger Bewertung überlassen, ob es sich bei dieser Instrumentalisierung des Rechts um eine wirkliche Tod- oder nur um eine läßliche Sünde handelt. Recht ist Maßstab und nicht Mittel zum Zweck, was gerade am Anfang einer Ära nicht außer Acht gelassen werden sollte.

Auf einem anderen, hier nicht mehr zu beschriftenden Blatt steht der neuerdings heftig diskutierte Vermögensausgleich zwischen den alten und den neuen Eigentümern von enteignetem DDR-Vermögen, eine Frage, die auf die faire Verteilung von Alt-Vermögen zielt und nicht auf die möglichst rasche, effiziente Bildung von neuem Produktivkapital. Sie wird uns,wenn auch nur en passant, im nächsten Kapitel, das der siebten Sünde gewidmet ist, beschäftigen.

Siebte Sünde:

Verlegenheitslösungen –
ersetzt ein Solidarpakt eine solide
Geld- und Finanzpolitik?

Wann immer Politiker nicht weiterwissen, fällt ihnen das Zauberwort »Solidarpakt« ein – eine sehr deutsche Geschichte mit Patina und fragwürdigen Resultaten. Denn ein Rückblick auf ältere »historische Erblasten« und »nationale Notlagen« macht deutlich, daß sich diese alle mit den Mitteln normaler Politik hätten meistern lassen. Der Appell an das patriotische Gewissen der Bürger sollte meist nur verschleiern, daß man nicht eine faire, solidarische Lastenverteilung anstrebte, sondern den Weg des geringsten Widerstands suchte.

Die Weimarer Republik entschuldigte ihre unsägliche Inflationspolitik mit den Kosten des Ersten Weltkriegs, den ja noch das Kaiserreich zu verantworten hatte. Man wollte die Leute glauben machen, daß alle Bevölkerungsgruppen gleich unter der Situation litten; doch die Zeche zahlten allein die Sparer, der Mittelstand und die Bürger, die sich ihren Lebensabend aus Rentenwerten hatten sichern wollen. Wirtschaft und Großindustrie, die sich noch rechtzeitig bis zur Halskrause verschuldet hatten, machten ein glänzendes Geschäft. Aber aus dem Millionenheer der Geschädigten rekrutierten sich schlechte Demokraten, und als dann die Währungsreform von 1924 das Ergebnis dieser Solidaraktion festschrieb, bekam Hitler leichtes Spiel. Er hatte sein Programm und seine Klientel gefunden.

Mit dem Lastenausgleich der Nachkriegszeit – der Bundespräsident rief ihn kürzlich wieder in Erinnerung – sollten die Kriegsgeschädigten zu Lasten der Verschonten entschädigt werden. Der Bonner Staat verhinderte jedoch die ursprünglich beabsichtigte Teilung des deutschen Realvermögens, indem er eine Tilgungsstreckung mit Verrentungsmöglichkeit daraus machte. Die Belasteten – Firmen und Haushalte – zahlten mit Jahresraten zwischen 1,5 und 1,8 Milliarden DM in einen Fonds und hatten überdies die Möglichkeit, ihre Belastung vorzeitig abzulösen. Der Fonds gewährte den zu Entschädigenden dann zinsgünstige Darlehen und Existenzgründungskredite, und der kriegsverschonte westdeutsche Altbesitz sowie das in der Bundesrepublik konzentrierte Firmenvermögen kamen billig davon.

Ende der fünfziger Jahre, das westdeutsche Wirtschaftswunder lief aus, sollte ein weiterer Solidarpakt die als nationale Katastrophe apostrophierte erste DM-Aufwertung abwehren. Unter Führung des Bundes der Deutschen Industrie (BdI) und von Bundesbankpräsident Blessing, einer auch für damalige Verhältnisse ungewöhnlichen Koalition, zeichnete die deutsche Wirtschaft eine unverzinste Gemeinschaftsanleihe, die sogenannte Blessing-Milliarde. Ihr Erlös sollte als Quasi-Bußgeld für die unanständig hohen deutschen Exportüberschüsse im Entwicklungsausland angelegt werden; es galt, dem IWF wie den USA die Notwendigkeit einer deutschen Währungsaufwertung auszureden. Doch die Zeichner hatten die Rechnung ohne den Wirt, den damaligen Bundeswirtschaftsminister Ludwig Erhard, gemacht. Er setzte 1961 die erste DM-Aufwertung durch, und die Zeichner fühlten sich düpiert. Die Bürger kassierten jedoch dank der im Ausland wertvolleren Mark eine »Solidardividende«, denn sie bekamen mehr Bananen, billigeres Benzin und Ferienreisen für ihr Geld.

Ende der sechziger Jahre, die erste westdeutsche Nachkriegsrezession mit mehr als einer Million Arbeitsloser brach herein, stilisierte der Sachverständigenrat der Fünf Weisen den Solidarpakt zum wirtschaftspolitischen Instrument hoch. Er fand dann unter dem Namen »Konzertierte Aktion« Eingang in das von Karl Schiller in Umänderung des Erhardschen Entwurfs eingebrachte »Gesetz zur Förderung der Stabilität und des Wachstums der deutschen Wirtschaft« (StWG) aus dem Jahr 1967. Die Ratio legis war einfach: Wann immer Rezession drohte, sollten sich die Gewerkschaften lohnpolitisch zurückhalten. Die Arbeitgeberseite würde dies dann beschäftigungspolitisch honorieren und auf Massenentlassungen verzichten. Wann immer aber ein Boom und eine Geldwertgefährdung drohten, sollten beide Seiten sowohl hinsichtlich der Löhne als auch der Preise Zurückhaltung üben und auf die Ausnutzung vorhandener Erhöhungsspielräume verzichten. Damit sollte die Wirtschaftspolitik unterstützt werden, vor allem aber sollten keine Restriktionsmaßnahmen der Bundesbank provoziert werden, die Konjunktur und Arbeitsmarkt belastet hätten.

In der Rezessionsphase der späten sechziger Jahre klappte die Sache. Die Gewerkschaften, die sozusagen mitregierten, verhielten sich,»wie das Gesetz es befahl«. Als aber der nach 1971 einsetzende Boom alle Gefahren für den Arbeitsmarkt beseitigte, kündigten sie als erste – freilich mit augenzwinkernder Zustimmung der anderen Seite – den Pakt. Für die Beschäftigung ihrer Leute waren sie zuständig, aber doch nicht für die allgemeine Preisstabilität! Zwar ist Paragraph 3 StWG noch immer geltendes Recht, aber die»Verkehrssitte« ist darüber hinweggegangen wie über die Zinswucher- und Deflorations-Paragraphen (§§ 247, 300) des Bürgerlichen Gesetzbuches. Was nicht mehr geht oder gilt, läßt sich durch keine Paragraphen erzwingen.

Dennoch ist die gegenwärtige Bundesregierung fest entschlossen, das für die Transfers nach Ostdeutschland benötigte Geld nicht nur, wie bisher, öffentlich über den Bundes- und die Länderhaushalte der alten Bundesrepublik aufzubringen, sondern direkt beim Bürger zu beschaffen: durch ein Solidaropfer Ost. Noch allerdings steht nicht fest, wie dieses im einzelnen aussehen soll.

Richtig an der Idee ist lediglich, daß alles, was die Finanzierung der deutscher Einheit bislang billig gemacht hat, in Zukunft wegfallen wird. Weder können – und dürfen – die Käufe der neuen Bürger wie bisher aus freien westdeutschen Lieferreserven und einem weiteren Abbau von Exportüberschüssen bestritten werden, noch ist damit zu rechnen, daß der bisherige Überhang der westdeutschen Lieferungen über die gleichzeitig zu leistenden Transfers anhält. Er wird nicht nur zurückgehen, sondern sich in sein Gegenteil verkehren, und man wird *pro futuro* wesentlich mehr in den deutschen Osten transferieren müssen, als man dorthin liefern kann. Noch 1991, so hat die Bundesbank vorgerechnet, verdiente die westdeutsche Wirtschaft netto 62 Milliarden DM an ihren »inneren Exporten« in den ostdeutschen Absatzmarkt. Um genau diesen Betrag überstieg die Neigung der Ostdeutschen, westdeutsche Ware zu kaufen, die westdeutsche Transferhilfe.

Damit dürfte es schon bald vorbei sein. Weder kann man Sparkonten ewig plündern, noch ist mit Einkommenszuwächsen wie bisher zu rechnen. Ostdeutschland, bislang eine angenehme Konjunktur- und Gewinnstütze, wird erstmals ein unangenehmes Zuschußgebiet werden, dessen Bedürftigkeit man vermutlich bereits in diesem Jahr, 1993, in vollem Umfang zu spüren bekommen wird. Dumm daran ist vor allem, daß sich die beiden bislang vollen Töpfe, der Topf der westdeutschen Wirtschaft und der der öffentlichen Hände, gleichzeitig und gleich schnell leeren. Man verliert Gewinne und Steuereinnahmen und muß trotzdem mehr aufbringen als zuvor. Vor diesem düsteren Hintergrund ist es durchaus verständlich, daß die Bundesregierung händeringend neue Geldquellen zur Finanzierung der deutschen Einheit sucht. Nur: Kann diese ein Solidarpakt erschließen?

Solidarisch wäre es, diejenigen zur Kasse zu bitten, die bisher das Geschäft mit der deutschen Einheit gemacht haben: die westdeutschen Unternehmer. Aber gerade sie sind in Zeiten einer zusammenbrechenden Konjunktur am wenigsten belastbar. Sie brauchen jeden Pfennig ihrer Liquidität, um die heraufziehende Krise unbeschadet und ohne allzu große Entlassungen zu durchstehen. Übrig bleiben somit nur jene Bevölkerungsgruppen, die an der Wiedervereinigungskonjunktur wenig oder gar nichts verdienen konnten – Arbeitnehmer, Selbständige, Beamte. Sollten sie die Zeche der deutschen Vereinigung zahlen müssen, dann hielte auch dieser Solidarpakt nicht, was er verspricht – wie alle anderen vor ihm! Was also tun? Es gilt, zwei Selbstverständlichkeiten zur Kenntnis zu nehmen und in das gesamtdeutsche Kalkül einzubeziehen. Das vereinigte Deutschland ist so wenig wie das geteilte ein »geschlossener«, von der übrigen Welt isolierter Wirtschafts- und Finanzkreislauf. Deswegen haben seine Transferprozesse und -leistungen, selbst die rein innerstaatlichen, sowohl eine Binnen- wie eine Außenwirkung. Was immer an öffentlichen Geldern von West- nach Ostdeutschland transferiert wird – die Summe trägt mit fast fünfzig Prozent zur ostdeutschen Güternachfrage und zu den ostdeutschen Geldausgaben bei –, kann daher nicht inflationsneutral genug in DM aufgebracht werden, also aus Steuern oder staatlicher Verschuldung, die lediglich sonst unverwertbare private Sparüberschüsse absorbiert. Aber schon der meist unvermeidbare Umstand, daß die Staatsanleihen von Banken vorgekauft werden, macht diese Staatsverschuldung um mehr als einen Hauch inflatorisch. Denn der Kredit, der dem Staat dergestalt von den Banken eingeräumt oder doch vorfinanziert wird, ist ein »zusätzlicher«, vom Sparprozeß losgelöster.

Wenn nun, wie geschehen, als Folge der Umlenkung und Aufstockung der Kaufkraft und aufgrund einer höheren Ausgabenneigung im deutschen Osten, wie sie angesichts der Entbehrungen der Vergangenheit nur zu verständlich ist, ein volkswirtschaftlicher Überkonsum auftritt, dann passiviert sich die gesamtdeutsche Leistungsbilanz unweigerlich gegenüber dem Ausland. Aus den Überschüssen der alten Bundesrepublik ist inzwischen längst ein gesamtdeutsches Defizit geworden, und das verlangt neben der inneren eine äußere Finanzierung – in Devisen. Das defizitäre Deutschland muß nun entweder im Ausland Kredite aufnehmen, das heißt seine bisherige Geld-Vermögensposition abbauen, oder die Bundesbank zahlt als Verwalterin der deutschen Währungsreserve »cash«, das heißt, sie setzt Devisenreserven ein, die sie bisher für die deutsche Volkswirtschaft gehalten hat.

Tatsächlich wurde das vereinigungsbedingte Defizit der deutschen Leistungsbilanz bis Ende 1992 überwiegend aus Auslandskrediten finanziert. Trotz des Defizits nämlich wuchsen die deutschen Währungsreserven weiter, was weniger dem Vertrauen in die DM, als vielmehr der deutschen Hochzinspolitik und den von ihr ausgelösten Interventionen der Bundesbank am europäischen Devisenmarkt (im Rahmen des EWS) zuzuschreiben war. Weil die Bundesbank, geleitet von rein innen- und stabilitätspolitischen Grundsätzen, nämlich dem Kampf gegen die Ausuferung der Staatsdefizite, gegen exzessive gewerkschaftliche Lohnforderungen und eine mögliche Überexpansion der für die innere Geldversorgung strategischen Geldgröße M3, den Kredit in Deutschland knapp und teuer hielt, beteiligte sie das Ausland »unfreiwillig« an der Finanzierung der deutschen Einheit. Ausländische Geldanleger betrachteten DM-Anlagen mit hoher Verzinsung als eine Art dynamischer Rente und spekulierten wegen der hohen Zinsen auf Gewinne aus einer Aufwertung der DM, so wie sie im Fall einer deutscher Zinssenkung mit den Kursgewinnen ihrer Papiere rechneten. Infolgedessen konnte sich der deutsche Finanzminister aussuchen, ob er seine für den Transfer benötigten Mittel aus dem in- oder ausländischen Kapitalmarkt bezog. Der hohe Inlandszins eröffnete ihm beide Finanzierungswege.

Dabei vermischten sich Binnen- und Außenfinanzierung des deutschen Transferprozesses, etwas, das man eigentlich auseinanderhalten sollte. Geriet doch schon die Republik von Weimar vor über sechzig Jahren unter anderem deswegen in Gefahr, weil sie die innere und äußere Finanzierung ihrer Transferlasten, die damals zur Abzahlung der deutschen Reparationen nötig waren, nicht sauber genug trennte. Dabei hatten zwei Ökonomen von Rang, nämlich John Maynard Keynes und Bertil Ohlin, in ihrer berühmten Transferdebatte von 1929 den Fall geklärt.

Damals machte man den Fehler, Devisenzahlungen auf das Reparationskonto aus Auslandskrediten zu finanzieren, ohne die innere Bereitstellung dieser Mittel aus Budgetüberschüssen sicherzustellen. Man verschuldete sich im Ausland und zahlte vom einen Konto in New York auf Konten in Paris und London. Heute macht man den Fehler, DM-Zahlungen auf das Konto ostdeutscher Länder und Gemeinden aus einer doppelten Verschuldung zu finanzieren: Deutschland verschuldet sich im In- und Ausland. Damals mußte man, als der New Yorker Kredit infolge der aufkommenden Weltwirtschaftskrise versiegte, überstürzt eine für den Arbeitsmarkt mörderische Deflationspolitik einleiten, um die notwendigen Haushaltsmittel zu gewinnen und dem drohenden Staatsbankrott zu entgehen. Bekanntlich war es diese »Spar«-Politik, mit der Brüning Hitler letztlich an die Macht brachte.

Heute muß man damit rechnen, daß mit dem Ende der deutschen Hochzinspolitik – es zeichnet sich bereits ab – der deutsche Kredit im Ausland zurückgeht. Große Teile der seit 1990 im Ausland aufgenommenen Mittel werden wieder abfließen. Und die Folge? Entweder muß eine Abwertung der DM gegenüber dem US-Dollar und dem ECU hingenommen werden, oder die Bundesbank setzt zur Bezahlung der laufenden Defizite und Kapitalüberflüsse ihre beträchtlichen Währungsreserven ein, ein Aktivum, über das die Republik von Weimar nicht verfügte. Doch obschon diese Reserve in den drei Jahren seit der Wiedervereinigung kräftig gewachsen ist, nämlich von brutto knapp 100 Milliarden Ende 1989 auf etwa 150 Milliarden Ende 1992, wird sie immer noch nicht groß genug sein, um das doppelte Defizit im Bundeshaushalt und in der deutschen Leistungsbilanz mit dem Ausland auf Jahre hinaus zu finanzieren. Aber sie reicht aus, um einen abrupten Übergang wie 1931/32 zu verhindern. Nichts kann uns dazu zwingen, die DM auch langfristig einem massiven Abwertungsdruck auszusetzen, der die inländischen Inflationstendenzen verstärken würde, oder – wie weiland Brüning – zu einer absurden und sozial explosiven Restriktions- und Austeritypolitik zu greifen, durch die jegliche Konjunktur restlos abgewürgt würde. Dank des in Währungsreserven angelegten Sparkontos der Nation, das ja zur Überbrückung konjunktureller

Durststrecken zur Verfügung steht, bleibt eine »weiche« Umsteuerung ohne Bruchlandung möglich. Aber schon jetzt führt kein Weg an der inneren Finanzierung der diesmal rein innerdeutschen Transferprozesse vorbei. Sie müssen entweder aus Haushaltseinsparungen oder aber aus steuerfinanzierten Einnahmeüberschüssen aufgebracht werden. Das Überraschungsmoment, das sich mit der deutschen Einigung verband und es immerhin drei Jahre lang erlaubte, einen Großteil der Transfer- und Finanzierungslasten zu »exportieren«, auf ausländische Finanzmärkte abzuwälzen, hat sich verbraucht.

Deutschland und seine Bundesbank müssen sich zu Recht den Vorwurf gefallen lassen, daß es der deutsche Sonderschritt gewesen ist, der den Gleichschritt der Industrieländer-Kolonne sowohl in Westeuropa wie in der übrigen westlichen Welt durcheinandergebracht hat. Es kam zu Verwerfungen im EWS sowie gleichzeitig zu einer atemberaubenden Talfahrt des US-Dollar – beides sehr deutsche Interpretationen von »Konvergenz«! Bonn hätte seinen Transferetat eben früher in Ordnung bringen müssen und die Bundesbank hätte, statt die westlichen Währungen erst zu schwächen und dann zu stützen, gleich auf ihre Währungsreserven zurückgreifen können. Auch hätte man die Chance gehabt, statt andere Währungen (wie das Pfund, die Lira, die Peseta) zur Abwertung zu zwingen, die DM rechtzeitig aufzuwerten. Man hätte dadurch die DM allein für Ausländer verteuert – aber nicht für Inländer.

Was hätte man sich, hätte die Bundesbank etwas mehr Phantasie bewiesen, nicht alles ersparen können: die hohen Zinsen, den Geldimport, die Auslandsverschuldung und die milliardenschweren Interventionen und Stützungskäufe der zuvor durch die eigene Sonder-Zinspolitik geschwächten EWS-Währungen!

Es geht also gar nicht um das Problem des Solidarpakts oder darum, wer ihn bezahlen soll, sondern um die Frage, ob und wie Bonn und Frankfurt ihre Wirtschafts- und Währungspolitik künftig besser planen und aufeinander abstimmen. Das aber wird, so paradox es klingt, jetzt endlich durch die aufziehende

Rezession in der richtigen Weise programmiert; denn die Rezession zwingt den Finanzminister nun definitiv zum Sparen und die Bundesbank zur Zinssenkung. Aber beides war auch vorher schon möglich!

Bei einem Subventionsvolumen allein des Bundes von gut 135 Milliarden DM im Jahre 1992 gab und gibt es genügend Ansatzpunkte für Streichungen, Kürzungen, Auslaufenlassen, zumal der größte Subventionsempfänger – die deutsche Landwirtschaft – ihr Geld aus Brüssel und nicht aus Bonn erhält. Reicht das nicht aus, oder fehlt es an Mut, die unerläßlichen Einsparungen im Subventionshaushalt vorzunehmen, dann steht eine Steuer zur Disposition, deren Sätze man ohne rot zu werden verdoppeln bis verdreifachen könnte: die Mineralölsteuer. Sie ist, man weiß es, so konjunkturresistent wie umweltfreundlich und keineswegs geeignet, wegen einer Erhöhung der Energiekosten den Investitionsstandort Deutschland zu ruinieren. Als die Organisation der erdölexportierenden Länder (OPEC) ihren Mineralölpreis verzehnfachte, stiegen die Energiekosten pro produzierter Einheit um weniger als zehn Prozent, der Mengenanteil verbrauchter Energie dagegen fiel beträchtlich, und man interessierte sich auch in Deutschland plötzlich für das Ölsparen und umweltfreundliche Alternativenergien. Jede Verdoppelung der Mineralölsteuer aber brächte dem Bund an die 50 Milliarden DM zusätzliches Geld; es könnte als Transferhilfe Ost für die Abarbeitung von Ökoschäden sinnvoll und produktiv genutzt werden.

Erzwingt erst einmal die Rezession in Deutschland, in der EG und der westlichen Weltwirtschaft ein niedriges Zinsniveau, dann können nicht nur die Schuldnerländer in der Dritten und Zweiten Welt aufatmen, sondern auch wir. Dann nämlich wird es möglich sein, nicht nur den »Überkonsum Ost«, sondern auch die dringend herzustellende »Überinvestition Ost« aus innerdeutschen Mitteln zu finanzieren – solidarisch mit dem Ausland, das dann nicht mehr durch unsere Kapitalanlockungszinsen geschädigt wird.

Mit einer solchen Kombination aus marktgerechter Geld- und solider Finanzpolitik bekämpfen wir nicht nur unsere Rezession zu Hause und verbessern so die Transferbedingungen für den deutschen Osten. Wir mildern auch die akuten Sorgen und Probleme der anderen Nationen in Europa und aller Welt, wo man gern an uns liefert und verkauft. Und der »zusätzliche« Solidarpakt, der angeblich gebraucht wird? Er wird durch die drei Stichworte »Subventionsabbau«, »Mineralölsteuererhöhung« und »Zinsabrüstung« so entbehrlich wie das Kinoprogramm der vorigen Woche. Warum auf einem Programm beharren, daß nicht mehr läuft!

*Der Irrtum wiederholt sich immerfort
in der Tat. Deswegen muß man das Wahre
unermüdlich in Worten wiederholen.*

J. W. Goethe

Auswege aus
dem Wirtschaftsdesaster

Der Aufbau einer Marktwirtschaft nach Plan

Deutschlands Geschichte nach dem Zweiten Weltkrieg zeigt einen merkwürdigen Sprung. Was politisch eine Katastrophe war, die Teilung des Landes in zwei ungleiche Hälften, erwies sich ökonomisch als Öffnung und erstaunliche Dynamisierung. Das Deutsche Reich, das kaiserliche nicht anders als das großdeutsche, war eine Binnenökonomie mit außenwirtschaftlicher Schlagseite gewesen, überschattet vom Trauma fehlender Rohstoffe. Dieses Reich wurde nicht nur in den Augen seiner Militärs durch einen zu kleinen Lebensraum an seiner wirklichen Entfaltung gehindert. Durch Niederlage, Teilung und Mauer aber verwandelte sich das angeblich zu kleine Deutschland in zwei dynamische, exportgestützte Wachstumsökonomien.

1948, zu einem Zeitpunkt also, als sich die Bundesrepublik und die DDR noch nicht zu Staaten gemausert hatten, standen jede für sich vor demselben Dilemma: Sie mußten infolge der Einführung zweier verschiedener Währungen ihren Markt im jeweils anderen Teil des Landes abschreiben. Die monetäre Spaltung veränderte die Wirtschaft in beiden Teilstaaten. Wir sahen schon: Vor dem Zweiten Weltkrieg hatte die mit der späteren Bundesrepublik identische Region über die Hälfte ihres Inlandsprodukts – es handelte sich überwiegend um Investitionsgüter – jenseits der Elbe verkauft. Und das Gebiet der späteren DDR vermarktete rund die Hälfte seiner vor allem aus Agrarprodukten und Konsumgütern bestehenden Inlandsproduktion im deutschen Westen. Als dann die Spaltung des Landes kam, blieb den beiden deutschen Teilstaaten und ihren Ökonomien gar kein anderer Überlebensweg, als die fehlenden Binnenmärkte durch Zugewinn auf Auslandsmärkten zu ersetzen. Und so integrierten sich Bundesrepublik wie DDR in den jeweils vor ihrer Haustür gelegenen Teil der Weltwirtschaft, die einen im Westen, die anderen im Osten.

Im Zuge dieser Neuorientierung avancierte das westliche Deutschland dann binnen weniger Jahrzehnte zum führenden Exportland der westlichen Hemisphäre und zum stärksten Industriestaat unter den Ländern der EG, während das östliche Deutschland – wenn auch auf ungleich bescheidenerem Niveau – der industrielle und technologische Spitzenreiter im COMECON wurde, dem östlichen Pendant zur EG.

Exporterfolge her oder hin – die beiden Deutschlands entwickelten sich dank ihrer Außenmarktorientierung immer weiter auseinander. Begünstigt durch die überschußbildende Agrar-Hochpreispolitik der EG, ersetzte die Bundesrepublik die ostelbischen Agrarüberschüsse durch hausgemachte und baute ihre konsumnahe Leichtindustrie aus. Und die DDR legte sich eine eigene, sie von Westdeutschland abkoppelnde Schwer- und Investitionsgüterindustrie zu, freilich unter Verwendung nur wenig rentabler und überdies äußerst umweltschädlicher Energiestoffe: Braunkohle, von den östlichen Partnern importierter Steinkohle, Erdgas und Erdöl. So wurden gleichsam zwei Paar Schuhe aus dem, was im alten Deutschland ein rechter und ein linker Schuh gewesen war, allerdings zwei Paare, die gesamtdeutsch gesehen nicht mehr zueinander passen. Deutschland West wie Ost hatten sich mit großem Erfolg ökonomisch auseinandergelebt; beide Volkswirtschaften waren auf fremde Märkte mehr angewiesen als aufeinander.

Ein weiteres kam hinzu. Die soziale Marktwirtschaft machte aus der Bundesrepublik den Prototypen einer Volkswirtschaft, die sich nicht weniger effizient als dynamisch zeigte: wachstums- und leistungsorientiert, ebenso wettbewerbs- wie kapitalbildungsstark, was es ihr ermöglichte, soziale Spannungen soweit herabzumindern, daß sie nur noch marginal, in den vom Aufschwung ausgesparten Regionen eine Rolle spielten. Der Wohlstand festigte die Demokratie und machte aus dem Kapitalismus auf westdeutschem Boden das Gegenteil einer Ausbeuter- und Basar-Gesellschaft. Beides widerlegte – sichtbar für alle Ostdeutschen – die sozialistische Theorie vom unaufhaltsamen Niedergang der spätbürgerlichen Klassengesellschaft.

Demgegenüber behinderte Ostdeutschlands Einbindung in Sozialismus und Planwirtschaft von der ersten Minute an eine auch dort mögliche Effizienz und Dynamik. Mehrarbeit, Risiko und Wagnis lohnten sich nicht, und in Anbetracht der Tatsache, daß es zwar Volks-, aber kein Privateigentum an den Produktionsmitteln gab, hatte es wenig Sinn, privates Kapital zu bilden, also zu sparen oder zu investieren. Was immer Ostdeutschlands Ingenieure oder Chemiker an Neuem entdeckten und produktionsreif machten, stets fehlte das private Kapital, mit dem es sich in großem Stile marktwirtschaftlich hätte verwerten lassen. Denn da der sozialistische Staat jegliches »Kapital« aus prinzipiellen Gründen ablehnte, bildete er auch keines oder doch viel zu wenig, weswegen seine Wirtschaft hinter der westdeutschen immer mehr zurückfiel. Es haperte an Wirtschaftlichkeit, an Marktkenntnis und an Erfahrung, um mit der westdeutschen Konkurrenz auch nur annähernd Schritt halten zu können. So war das einzige, was unter diesen Umständen blieb, die Vermarktung im Osten, wenn sie auch nichts als »weiche« COMECON- oder Transfer-Rubel einbrachte, die schon damals so gut wie wertlos waren: die Ausbeuterwährung der Sowjetunion, die sich mit solchen »Gewinnen« über Wasser hielt.

Während also die Bundesrepublik durch ihre Exporterfolge einen reichen Devisenschatz ansammelte, ja sogar den mit Abstand größten der westlichen Welt, litt die DDR nicht nur unter einem permanenten Kapital-, sondern auch noch unter einem steigenden Devisenmangel. Und der wurde mit der Zeit so groß und bedrückend, daß die Regierung der DDR – unter Mißachtung aller Lehren vom sozialistischen Fortschritt und der Überlegenheit der sozialistischen Produktionsweise – dazu überging, westliches Geld im Inland zuzulassen. Wer immer heiß begehrte Westgüter oder einheimische »Luxuswaren« kaufen wollte, seien es Jeans, ein Paar Adidas-Schuhe oder eine Flasche Wodka, der bekam sie nur noch gegen westliche Devisen, obwohl der Privatbesitz solcher Währungen offiziell verboten war. Schließlich galt ja von Amts wegen als alleiniges Zahlungsmittel der DDR »ihre« Mark, und die DDR-Bürger sollten Westgeld zu einem offiziellen, aber falschen Wechselkurs bei der DDR-Staatsbank umtauschen.

Spätestens mit der Zulassung der DM als tolerierter Parallelwährung in den volkseigenen HO-Läden gab das DDR-Regime zu, daß es den Wettlauf mit der Bundesrepublik und ihrem System verloren hatte und auch nicht mehr mit einem späteren Sieg rechnete. Denn von der Zulassung der DM als inoffizieller Parallelwährung bis zur deutsch-deutschen Währungsunion vom 1. Juli 1990 war es im Grunde nur noch ein kleiner, wenn auch folgenreicher Schritt. Letztlich war es vor allem dieser Parallelwährungszustand, der die Währungsunion für die DDR unvermeidlich machte.

Als dann mit dem Fall der Mauer und dem Einverständnis der Sowjetunion die Stunde der deutschen Wiedervereinigung schlug, war eigentlich von Beginn an klar, daß der »größte Glücksfall deutscher Geschichte in diesem Jahrhundert« ökonomisch nur eines bedeuten konnte: eine Wirtschaftskatastrophe ohnegleichen für Ostdeutschland. Inzwischen war der westliche Schuh nicht nur ein paar Nummern größer geworden als der schlecht verarbeitete östliche; die Bundesrepublik war selber eine Art HO-Laden für die Ostdeutschen geworden, der genau das anbot und lieferte, was man »drüben« so lange schmerzlich vermißt hatte, und das in weitaus besserer Qualität und zu weit niedrigeren Preisen. Und all dies wurde nun in der Nacht nach der Wiederherstellung der deutschen Einheit verfügbar – vorausgesetzt, man hatte genügend DM-Geld.

Und genau da lag das Problem und liegt es noch immer. So verständlich das Spruchband der Leipziger Demonstranten war (»Kommt die DM nicht nach hier, gehen wir zu ihr«), so vorhersehbar war die Konsequenz: Mit der Einführung der DM in der früheren DDR konnte nur ein Run auf im Westen produzierte Waren verbunden sein, der am Ende nichts anderes als einen nahezu totalen Marktausfall der sozialistischen Planwirtschaft und ihrer VEB zur Folge hatte. Schon am nächsten Morgen nämlich fielen die alten Märkte des Landes an die westliche, vorzugsweise westdeutsche Konkurrenz; die alten »Freunde« aus dem COMECON konnten ja nicht in harter DM zahlen.

Eine Aufschwungs- und Umstrukturierungshilfe, die sich auf die Einführung der DM und großzügige Geldgeschenke beschränkte, konnte daher nur eines bewirken: Sie mußte den wirtschaftlichen Graben zwischen den beiden Teilen des Landes verbreitern oder vertiefen, statt ihn zu überbrücken. Denn Währungsunion und Einkommenstransfer finanzierten zwar eine massive Lieferkonjunktur von West nach Ost und brachten den neuen Bundesbürgern jede Menge jener Komfortgüter, die sie so lange hatten entbehren müssen. Doch sie schufen weder neue Märkte noch Investitionschancen oder Arbeitsplätze, im Gegenteil: Die alten Produktionsstrukturen mußten nunmehr verramscht, die damit verbundenen Arbeitsplätze liquidiert werden, denn jetzt verursachten sie nur noch Kosten und brachten nichts mehr ein.

Und das »soziale« Element unserer Marktwirtschaft? Zeigt es sich nicht darin, daß wir die durch die Vereinigung geschädigten Arbeitslosen der früheren DDR annähernd genauso entschädigen wie unsere westdeutschen? Ludwig Erhard würde sich im Grabe umdrehen, wenn wir seine soziale Marktwirtschaft allein so interpretierten. Ihr Konzept schließt zwar soziale Gerechtigkeit und christliche Nächstenliebe ein, greift jedoch weit darüber hinaus, da es ja die Grundlagen für eine individuelle Gesellschafts- und Wirtschaftsordung schaffen will, in der sich die Menschen durch Ideenreichtum und Wagemut selber helfen, um eben nicht zu Sozialpensionären und staatlichen Almosenempfängern degradiert zu werden. Und genau vor diesem Anspruch droht die gegenwärtige Politik der wirtschaftlichen Vereinigung zu versagen. Denn Geld, so scheint man zu meinen, dürfe sie zwar kosten, nur solle sie keinesfalls neue und möglicherweise sogar gefährliche Konkurrenten bringen. Mit anderen Worten: Konsumgenossenschaft Ostdeutschland ja – aber wenn es darum geht, aus Ostdeutschland eine neue Produktionsgenossenschaft zu machen, flaut die Begeisterung ab.

Deshalb hat es auch nur Alibifunktionen, wenn die moralischen Instanzen unseres Landes vom Bundespräsidenten bis zu den Kirchenfürsten dazu aufrufen, unseren Wohlstand mit den armen »Ossis« zu teilen. Lastenausgleich, eisernes Sparen für den Wiederaufbau Ost, Solidarpakte und gewerkschaftliches Wohlverhalten sind Leerformeln, die an der Sache selbst vorbeigehen. Denn was immer jetzt geschehen muß, kann eben nicht allein unter dem Zeichen des heiligen Martin stehen, der seinen Mantel mit dem Bettler teilt. Die Konsequenz wäre leicht voraussehbar: Nach der Teilung würden beide frieren. Die Sanierung des deutschen Ostens steht vielmehr im Zeichen eines neuen offensiven und dynamischen Wirtschaftswunders, das man allerdings entschieden anders konzipieren und akzentuieren muß als das vom Ende der vierziger Jahre.

Damals ging es um die Wiederherstellung der Marktwirtschaft nach zwölf Jahren überlagernden Zwanges und verzerrender Eingriffe sowie um die Beseitigung einer alle Aktivitäten verfälschenden Hyperinflation. Heute dagegen stellen sich ganz andere Probleme. Die alten Zwänge sind weggefallen. Staatliche Investitionslenkung, Geldüberhang und Inflation spielen jetzt keine negative Rolle mehr, und es gibt auch wieder ein Privatrecht, einen Eigentumsschutz und die Gestaltungsfreiheit der Verträge, auch wenn Fragen der alten Rechtsordnung und der Wiedergutmachung so manche Sorgen bereiten. Was jetzt fehlt, ist die Rentabilität der dringend benötigten Privatinvestitionen, und diese läßt sich weder verordnen noch durch Kanzlerworte herbeireden. Im deutschen Osten muß ja nicht nur eine verrottete Planwirtschaft abgebaut, sondern eine neue Marktwirtschaft »nach Plan« aufgebaut werden, wobei Staat, Wirtschaft und Gewerkschaften ebenso zusammenwirken müssen wie die Menschen vor Ort, von denen nunmehr Aktivität, nicht mehr ihre ohnehin schon strapazierte Geduld gefordert ist.

Es geht daher um einen ganz anderen Solidarpakt als jenen, den derzeit der Bundeskanzler und seine Experten fordern. Natürlich müssen Bund, Länder und Gemeinden in den alten Bundesländern »sparen«, das heißt, sie müssen ihre unzeitgemäßen und übertriebenen Haushaltsdefizite und Kreditaufnahmen drosseln, weil die Zinsen herunter müssen. Und natürlich müssen die Gewerkschaften bei ihrer Geld- und Reallohnfixierung darauf bedacht sein, das Konjunkturklima in der alten Bundesrepublik nicht noch weiter zu verderben, da der Aufschwung im Westen nun einmal die Voraussetzung dafür ist, daß auch der Aufschwung im Osten Fahrt bekommt. Aber man muß einschränken: Selbst eine noch so gute Konjunkturpolitik im deutschen Westen wäre nur eine notwendige Voraussetzung für den wirtschaftlichen Neuaufbau Ost, keineswegs eine hinreichende.

Die hinreichende Bedingung wäre: Im Osten Deutschlands ist eine neue Landwirtschaft und eine neue Industrie samt Dienstleistungszentren zu schaffen, deren Märkte weitgehend jenseits der Binnengrenzen Deutschlands und EG-Europas liegen, nämlich in den Reformländern Ost- und Südosteuropas sowie – mehr denn je – in der Dritten Welt, deren immenser Nachholbedarf und Warenhunger befriedigt und finanzierbar gemacht werden muß.

Kurz gesagt: Die Sanierung Ostdeutschlands muß zwar auf deutschem Boden erfolgen, aber mit Blick auf die sich neu formierende Weltwirtschaft im Osten und Süden des Globus. Das im deutschen Osten zu inszenierende neue Wirtschaftswunder ist eine globale Aufgabe und nicht ein allein westdeutscher Kraft- und Sparakt.

Die Schaffung neuer Exportmärkte

Der Winter deutschen Mißvergnügens ist noch nicht beendet. Er wird so lange dauern, wie die wirtschaftspolitischen Fördermaßnahmen für den Osten zu kurz greifen. Was nützen Prämien für Investitionen, die keinen Markt, Beschäftigungsgarantien und -zuschüsse für Arbeitsplätze, die keine Zukunft haben? Mit Transfermilliarden, die einen Mindeststandard von Beschäftigung und Einkommen sichern, kann man – vielleicht – einen sich kumulativ verstärkenden Abschwung abfedern; eine Basis aber für einen sich selbst tragenden und beschleunigenden Aufschwung legt man damit nicht oder nur sehr bedingt.

Kommt es innerhalb eines überschaubaren Zeitraums nicht »von selbst« zum Aufschwung Ost und zu einer annähernden Angleichung von Wertschöpfungs-, Einkommens- und Beschäftigungsverhältnissen in beiden Teilen Deutschlands, dann wird sich jener Prozeß fortsetzen, der aus dem Ostteil des Landes nach und nach einen deutschen Mezzogiorno macht. Sparkapital, das keine rentable Anlage, Human-Kapital, das weder ausreichende Entlohnung noch interessante Aufgaben findet, wandert ab in den Westen; nur die Alten, die Frustrierten und die Unqualifizierten werden bleiben.

Denn eine Integrationspolitik, welche die unterschiedliche Ausgangslage bagatellisiert, ja sogar weg-definiert, schafft Marktwirtschaft und Wettbewerb auf falscher Geschäftsgrundlage: Die Starken teilen sich den Markt, die Schwachen werden aus der Konkurrenz geworfen.

Friedrich List, der noch immer zu Unrecht von Karl Marx überschattete deutsche Weltökonom, rechnete schon vor über 150 Jahren allen Marktanbetern – Thatcheristen, wie wir heute sagen würden – vor, daß sie die Theorie und Politik »privater Tauschwerte« mit der Entwicklung »productiver Kräfte« verwechselten. Sie gäben vor, so List in offener Polemik gegen Adam Smith, über ein allgemeines, zeit- und geschichtsloses Modell der Marktwirtschaft zu verfügen, doch gebe es zeitlose

Gesetze lediglich »in Chemie oder Physik«. List argwöhnte, daß angesichts der gewaltigen Produktivitätsüberlegenheit, welche England damals über die deutschen Klein- und Mittelstaaten besaß, die »Trödler in den deutschen See- und Meßstädten« nur eines bewirkten: den Ruin des Mittelstandes und die Vernichtung aller bestehenden Aufhol- und Entwicklungschancen. Das »englische Ministerium, nie gewohnt zu knickern, wo es seine Handels-Interessen zu fördern gilt, (besitzt) in seinem secret service money (ein Mittel), um allerwärts im Ausland der öffentlichen Meinung unter die Arme zu greifen ... Die Wortführer der englischen Interessen hatten um so leichteres Spiel, als ihnen die herrschende Theorie und die Überzeugung der deutschen Gelehrten zur Seite stand«, wetterte er nicht weniger zornig als hellsichtig in der Vorrede seines Buches über das »Nationale System der politischen Ökonomie« von 1841/42.

Man muß lediglich England gegen Westdeutschland auswechseln und das damalige Deutschland mit dem heutigen Ostdeutschland gleichsetzen, und schon stimmt Lists Verdikt wieder. Was Adam Smith verhieß und was doch auch von Margaret Thatcher nicht eingelöst werden konnte, nämlich daß eine Politik der Marktöffnung und Chancengleichheit im Wettbewerb allen Beteiligten nichts als Vorteile bringe, das gilt eben nur, wenn das Rennen vom selben Ausgangspunkt seinen Anfang nimmt und auf derselben Ebene ausgetragen wird. Die zu integrierenden Märkte müssen homogen sein, das heißt in gleichem Maße »fit« oder überlebensfähig, bevor der ökonomische Prozeß einsetzt, der ja selber nur »the survival of the fittest« garantiert.

Deutschlands Industrialisierung im vorigen Jahrhundert kam erst richtig in Gang, als man sich einen Mindestschutz vor Englands übermäßiger Konkurrenz zulegte – nicht umsonst hatte Bismarck seinen List auf dem Nachttisch liegen. Italiens Süden war so lange dem Norden nahezu ebenbürtig, wie man sich hinter Geld- und Zollmauern schützen konnte. Mit dem Risorgimento fiel beides weg, und der Norden ruinierte den Süden –

zum Teil mit Kampfpreisen. Jetzt erst waren die Landwirtschaft, das beachtliche Kleingwerbe und der Industriegürtel rund um Neapel nicht mehr konkurrenzfähig. Übrigens ist es nicht ausgeschlossen, daß sich ab 1999 dieser Vorgang für ganz Italien wiederholt, wenn nämlich mit Maastricht der europäische Norden den europäischen Süden als Markt für sich entdeckt.

In Ostdeutschland geht es daher nicht darum, Bestehendes zu erhalten, sondern Neues zu schaffen. Die Marktwirtschaft nach Plan muß mit »Wirtschaft« gefüllt und belebt werden; denn in der Welt mag es schon viel gegeben haben, aber noch nie einen Markt ohne Wirtschaft und eine Wirtschaft ohne Markt.

Marktwirtschaft hingegen ist immer beides – oder sie entwickelt sich zum Alptraum, was derzeit in vielen Ländern des ehemaligen Kommunismus geschieht, die Marktwirtschaft als Laissez-faire und ökonomisches Faustrecht mißverstehen.

Die Bundesregierung und ihr Sachverständigenrat denken zu kurz, wenn sie glauben, daß der unbestreitbare, objektive »Kapitalmangel« in Ostdeutschland durch weitere Kapitalsubventionen zu überwinden sei – durch Investitionszulagen und -prämien, verbilligte Kredite und was auch immer. All das nämlich setzt voraus, was eben fehlt: ein ganzes Spektrum rentabler und zukunftsträchtiger Investitionschancen und -projekte.

Woran es mangelt, sind Märkte, die solche Vorhaben und Projekte überhaupt erst rechtfertigen, sie lohnend und finanzierbar machen. Gibt es erst einmal diese Marktnachfrage nach Produkten *made in East Germany* – dann wird ein Angebot folgen, das auch rentabel ist. Denn jeder Markt schafft sich die Produktionspalette, die er mit seiner Rendite honoriert, ein Gesetz, auf das man sich immer verlassen kann.

Und woher diese Märkte nehmen? Wir sahen ja schon: Die Märkte von ehedem sind entweder weggebrochen wie die im ehemaligen COMECON oder fest in der Hand der Konkurrenz wie die westlichen, die westdeutschen eingeschlossen.

Es müssen also neue Märkte entdeckt und gewonnen werden. Denn der Aufbau einer produktiven und attraktiven Marktwirtschaft in den neuen Bundesländern ist zwar ein Problem, das von Deutschland aus zu lösen ist, aber das Programm, das es dafür zu entwerfen gilt, greift weiter: Die Horizonte liegen jenseits der verhältnismäßig engen Grenzen des deutschen und auch des westeuropäischen Binnenmarktes, nämlich in der Weltwirtschaft von heute und morgen.

Schon das Wirtschaftswunder der fünziger Jahre war keines des westdeutschen Binnenmarktes allein, sondern das der damals geradezu explosiv expandierenden Weltwirtschaft, deren Absatzchancen es den Deutschen überhaupt erst ermöglichten, zu schaffen, was man brauchte: Groß-Fertigung, Ausschöpfung aller Rationalisierungsvorteile und eine gleichwohl nahezu vollständige Absorption der verfügbaren und durch die Flüchtlingsströme aus dem Osten des Kontinents kräftig vermehrten Arbeitsbevölkerung.

Damals gab es – weltwirtschaftlich gesehen – weder saturierte noch arme, durch Kaufkraftmangel beengte Märkte. Der Warenhunger war immens, und die heute aus der Weltwirtschaft ausgegrenzten Entwicklungsländer waren zwar arm, aber gut bei Kasse. Ob in Asien, Afrika oder Lateinamerika – hier wie dort konnte man auf beträchtliche Kriegsgewinne und ansehnliche Devisenreserven zurückgreifen und die ersten Schritte in die politische Unabhängigkeit und wirtschaftliche Selbstbestimmung noch aus verfügbarem »Eigenkapital« finanzieren: Erst später, zu Beginn der sechziger Jahre, wurden Entwicklungshilfe und Auslandskredite gebraucht, damit Finanzierungsengpässe ausgeglichen werden konnten. Überblickt man die Entwicklung im ganzen, so gab es in jenen Jahren überhaupt nur einen Markt, der nicht allgemein zugänglich und deshalb auch nicht für alle gewinnträchtig war, nämlich den des von der UdSSR beherrschten Ostblocks, der sich von der westlichen Weltwirtschaft abgekoppelt hatte.

Nachhaltiger Nutznießer jener weltwirtschaftlichen Konstellation von schier unbegrenzter Absorptionsfähigkeit war naturgemäß ein Land, das durch seine geschichtliche Situation dazu gezwungen war, auf Westexporte zu setzen. Das war die Bundesrepublik, der damals jedweder Ostmarkt fehlte, der innerdeutsche nicht weniger als der des entstehenden COMECON.

Die Weltwirtschaft der westlichen Welt entschädigte das Land hinreichend für diesen Ausfall. Ja, mehr als das: Sie erlaubte der Bundesrepublik ein »exportgeführtes« Wirtschaftswunder, wie es die Welt noch nie erlebt hatte. Weder Deutschlands Festigung als Demokratie noch als führende soziale Marktwirtschaft wären ohne diesen Erfolg an den Weltmärkten möglich gewesen, weshalb große Wirtschaftsminister wie Ludwig Erhard und Karl Schiller die Bedeutung der weltwirtschaftlichen Integration der Bundesrepublik stets höher veranschlagt haben als die binneneuropäische.

Sowohl Erhard wie Schiller verweigerten sich jeder ausschließlichen Europäisierung der deutschen Wirtschaft und ihrer Währung, ja, sie kämpften gegen eine zu starke Einbindung der DM in europäische Währungsabkommen. Die Opferung der DM auf dem Altar einer europäischen Währungsunion wäre ihnen vollends absurd vorgekommen. Erhard setzte die weltweite Konvertierbarkeit des westdeutschen Geldes durch, und zwar gegen den Widerstand der Bundesbank, und nahm dafür die Liquidation der Europäischen Zahlungsunion in Kauf. Schiller akzeptierte zwar den sogenannten Werner-Plan für die etappenweise Herstellung einer Wirtschafts- und Währungsunion in Europa, aber erst nachdem ihm das Recht auf Währungssouveränität und unveräußerliche Währungsstabilität hinreichend gesichert erschien: Zwar sollte es zu einer Wechselkursunion nach außen wie nach innen kommen, doch nur auf der Grundlage strengster »Konvergenz« (womit die Abstimmung der nationalen Politiken gemeint war), völliger Abstinenz von Kapitalverkehrskontrollen und der Erhaltung der nationalen Währungen und Zentralbanken.

Vierzig Jahre nach dem westdeutschen Wirtschaftswunder ist ein Wirtschaftswunder für den östlichen Teil unseres Landes weder aus der nationalen noch aus der europäischen Integration allein zu erwarten. Der innerdeutsche und der gesamteuropäische Markt sind zu klein, vor allem aber zu besetzt, um ein zweites Exportzentrum im deutschen Osten zu verkraften, geschweige denn es voll finanzieren und beschäftigen zu können. Das vereinigte Deutschland ist jetzt noch mehr auf »seine« Weltmärkte angewiesen, als es vordem seine westliche Hälfte war. Es wäre verhängnisvoll, wenn dafür als Vehikel – und als Finanzierungsmittel – nur »Teilen« und »Verlagern« zur Verfügung stünden. Worum es geht, das ist die Erschließung neuer Märkte, ist die Eröffnung neuer Absatzmöglichkeiten bei neuen Kunden und Partnern.

Aber woher diese nehmen? Der Zusammenbruch des Weltkommunismus hat ja nicht nur ein neues Deutschland entstehen lassen, sondern auch eine neue Weltwirtschaft. Jetzt erst wird wahr, was John Maynard Keynes während des Zweiten Weltkriegs ebenso kühn wie realistisch vorausdachte: die eine, unteilbare Weltwirtschaft, offen für alle Nationen, für die entwickelten wie für die, die noch zu entwickeln sind. Das ist das unwiderlegliche Zeichen dafür, daß die bipolare Welt an ihr Ende gekommen ist.

Die sieben Großen der Weltwirtschaft einschließlich der EG, vor allem aber ihre größten Drei, die USA, Japan und Deutschland, müssen jetzt alles daransetzen, diese eine, offene Weltwirtschaft zu schaffen und ihren drohenden Zerfallsprozeß aufzuhalten. Die drei Säulen dieser neuen Weltwirtschaftsordnung, die uns die Gipfelkonferenzen der letzten fünfzehn Jahre zwar versprochen, aber nicht gebracht haben, heißen: Öffnung der Gütermärkte, auch der agrarischen, durch Reaktivierung des GATT, Stabilisierung der Währungs- und Kapitalmärkte durch die Streckung, im Idealfall die Streichung jener Schuldenhypothek, welche die Entwicklung der Zweiten und Dritten Welt stranguliert, und Schaffung eines Weltwährungssystems unter Beachtung der Lehren von Bretton Woods.

Vor allem die Europäer müssen dabei begreifen, daß erst der globale Wirtschafts- und Geldfrieden ihren regionalen Zusammenschluß sinnvoll macht. Ein Europa, das sich von der Weltwirtschaft löst und der Binnenintegration – aber muß man nicht schon sagen: der Binnenprotektion? – den Vorzug vor der Integration in die Weltwirtschaft gibt, macht nicht nur die Welt ärmer und instabiler, sondern am Ende auch sich selbst. Denn EG, EWS und der mit oder ohne Währungsunion geplante Europäische Wirtschaftsraum (EWR) lassen sich nur als »Subsysteme« einer geeinten und geordneten Weltwirtschaft verwirklichen, nicht dagegen als mit ihr konkurrierende Alternative oder als Gegenmodell.

Wenn diese Weltwirtschaft wieder expandiert und prosperiert, wird alles für alle leichter: der Umbau von Plan- in Marktwirtschaften, der Aufbau neuer Produktionen und Industriezentren, nicht nur im deutschen Osten, sondern überall in der Dritten und der Zweiten Welt, die auf das Niveau von Entwicklungsländern abzugleiten droht. Was Ende des Zweiten Weltkriegs unter der Führung der USA und der von ihnen abhängigen Weltfinanzierungsinstitute, dem Internationalen Währungsfonds und der Weltbank, mit einer Steuerung von leichter Hand gelang, stellt sich nach dem Fall des Kommunismus im Prinzip ähnlich, doch organisatorisch ungleich komplizierter dar. Auch jetzt gilt es, die über lange Jahre gestaute Weltnachfrage dorthin zu lenken, wo ein Aufbau stattfinden soll. Deswegen müssen die neuen ökonomischen Großmächte ein globales System von wirtschaftlichen Hilfen und Vorfinanzierungen aus dem Boden stampfen, mit denen sich der nationale Aufbau in den Armutsregionen dieser Erde zuwege bringen läßt. Dazu gehören ein Garantiewesen zur Absicherung und Verbilligung von Krediten, eine Kapitalanlage- und Investitionsversicherung, um die Risiken und Kosten von Anlagen und Finanzierungen zu begrenzen.

Dies nämlich ist die eigentliche Lehre aus dem Verfall des Bretton-Woods-Systems zu Beginn der siebziger Jahre: Nur ein geschützter zwischenstaatlicher und monetärer Kredit- und Kapitalverkehr bleibt berechenbar, droht nicht bei jeder Krise durch seine Irritationen und Spekulationen die bestehende Geldordnung in die Luft zu sprengen.

Man muß also darangehen, Armut und Arbeitsplatzdefizite in aller Welt zu überwinden, um die allen Nationen nützende Weltwirtschaft wieder in Gang zu bringen. Aus Armen müssen wieder Kunden und Käufer werden, und insofern ist auch der Aufbau im deutschen Osten Teil eines Weltinnenproblems, das zu lösen das wiedervereinigte Deutschland ein vitales Interesse haben muß. Der europäische Horizont, zumal als ein eurozentrischer, ist dafür eben zu begrenzt.

Diese Vorleistungen und Vorab-Investitionen in Sachen Weltwirtschaft bringen uns schließlich auch innerdeutsch weiter. Man braucht die Weltkonjunktur gleich zweimal: als Nachfragequell für die zu errichtenden Agrar- und Industriezentren im deutschen Osten und als Rückhalt für genügend Wirtschaftswachstum in Westdeutschland. Denn ohne eine von außen gestützte Prosperität hierzulande lassen sich einfach nicht genug Mittel für den Transfer nach »drüben« gewinnen.

Unser Fazit mag vielen zu einfach, vielleicht auch zu global vorkommen. Der Schlüssel zur wirtschaftlichen Regeneration Ostdeutschlands liegt in den immer wieder vertagten Reformen der Weltwirtschaft. Weder kann die Dritte Welt ihrem ungewissen Schuldenschicksal und ihrem grausamen Defizit an Stabilitäts- und Überlebenschancen überlassen werden – es gäbe gar nicht genug Blauhelme, um sie dann noch zu befrieden. Noch kann man vom nur scheinbar sicheren Bord des Luxusliners »Europa West« aus mit dem Fernglas beobachten, wie der östliche Teil des alten Kontinents in Chaos, Barbarei und Kriegen versinkt.

Die EG, dieses Relikt aus der Zeit des Kalten Krieges, hat sich mit Maastricht das falsche Ziel gesteckt. Es geht nicht um den Innenausbau des europäischen Hauses, nicht um seinen Wohnkomfort und die Festigung seiner Mauern gegen Sturm. Das westliche Europa kann seinen Wohlstand nur halten, wenn es seine Marktfenster und -türen öffnet und seinen Nachbarn hilft, da deren Elend auch vor seinem Haus nicht haltmachen wird.

Das wiedervereinigte Deutschland steht daher an einem Scheideweg: Entweder muß es die EG samt Frankreich wieder auf Weltwirtschaftskurs bringen und aktiv am weltwirtschaftlichen Reformprozeß teilnehmen, oder es muß diese Reformen im Rahmen der UNO sowie der Triade der größten Exportnationen selber aktiv und beherzt vorantreiben. Nur dann nämlich, wenn sich in den alten und neuen Entwicklungsländern des Südens und des Ostens genügend Liefer- und Absatzmöglichkeiten eröffnen, wird auch das östliche Deutschland für Risikokapital aus dem In- und Ausland attraktiv gemacht werden können.

Auf dem Weg zu einem Neuanfang – ein ostdeutsches Förderprogramm in sieben Punkten

Die große und beim Schopf gepackte Chance der deutschen Vereinigung lag in der Übernahme der westdeutschen Verfassung für das ganze Land. Rechtsstaat, Demokratie und Marktwirtschaft waren in den neuen Bundesländern von einem Tag auf den anderen da. Im Unterschied zu den anderen Reformländern des zusammengebrochenen sowjetischen Machtbereichs gab es kein quälendes Interregnum voller Irrwege, Spannungen und Kämpfe, keine »schreckliche, kaiserlose Zeit«. Und es gab – anders als in Osteuropa und den Staaten der ehemaligen UdSSR – keinen steilen Absturz von Lebensstandard und Realeinkommen. Im Gegenteil: Den Ostdeutschen geht es dank der Vereinigung mit den Westdeutschen besser als zuvor und weitaus besser als ihren früheren sozialistischen Leidensgenossen, auch wenn sie das zuweilen nicht sehen.

Aber dieselbe Bundesregierung, die die Chance des »Verfassungsexports« realistisch gesehen und kühn genutzt hat, versagte an zwei entscheidenden Stellen kläglich. Zum einen wollte sie nicht wahrhaben, daß die Wirtschaft der früheren DDR genauso wie die der anderen sozialistischen Bruderökonomien eine verkrustete Monostruktur, ein wettbewerbsuntüchtiges Monopol war, das beim ersten DM- und Marktkontakt mit dem Westen des Landes hoffnungslos zusammenbrechen mußte. Das Wahrnehmungs- und Beurteilungsvermögen des SPD-Oppositionsführers und Kanzlerkandidaten des Jahres 1990 war noch schlechter, denn der hielt damals die real noch existierende DDR für eines der führenden Industrieländer der Welt und nicht bloß des maroden Ostblocks. Nur: Die Bundesregierung verbreitete mit ihren rosaroten Illusionen, es sei eine Kleinigkeit, aus der tristen DDR eine zweite Bundesrepublik zu machen, Hoffnung und Aufbruchstimmung. Dagegen entlarvte sich die Opposition mit ihrer Fehleinschätzung, es stünde mit der alten DDR gar nicht so schlimm, als eine Partei von Traumtänzern – schließlich wußten es die Leute drüben besser. Der eine Irrtum bedeutete Sieg, der andere besiegelte die Niederlage.

Hätten beide Seiten und Parteien Lage und Aussichten der ostdeutschen Wirtschaft richtig eingeschätzt, man hätte unmittelbar nach dem Beitritt der DDR zum Währungsgebiet der DM mit der damals noch amtierenden letzten DDR-Regierung über ein ordentliches (das heißt: rechtsstaatlich abzuwickelndes) Konkursverfahren der meisten, ohnehin weder privatisierungs- noch sanierungsfähigen VEB verhandeln können; ein Verfahren, das für alle Beteiligten erheblich billiger gewesen wäre als das jetzige – finanziell, sozial und psychisch. Der gesamtdeutsche Staat und die Steuerzahler hätten sich die Verluste der Treuhand erspart. Den neuen Bundesbürgern wäre soziale Marktwirtschaft »live« vorgeführt worden, sie hätten erlebt, wie schnell die Marktwirtschaft alte, verrottete Betriebe neubewerten und durch neues, dynamisches Management – wenn auch stark abgespeckt – in leistungsfähige Produktionseinheiten verwandeln kann, und sie hätten am eigenen Leib und Status erfahren, wie sozial ein System arbeitet, das Staat und Wirtschaft trennt. Denn die beim Konkurs der DDR-Betriebe entlassenen Arbeiter, Angestellten und Direktoren wären automatisch vom Sozialstaat aufgefangen und kein bißchen schlechter versorgt worden als heute von der Treuhand und den Beschäftigungs- und Sanierungsgesellschaften.

Als der Verfasser dieses im Spätjahr 1990 zu bedenken gab und der Treuhand legalisierte Konkursverschleppung vorwarf (Handelsblatt Nr. 242 vom 17.12.90), fand er – frisch errungener Wahlsieg der auf rasche Sanierung festgelegten Bundesregierung her oder hin – nicht das geringste Echo.

Die Bundesregierung will immer noch nicht sehen, daß die Marktwirtschaft sowohl Zeit wie überlegte Nachhilfe braucht, um das ihr Zugetraute zu realisieren. Die DM war kaum eingeführt, da begann man – noch ehe sich der geringste Erfolg abzeichnen konnte –, eine Antriebsrakete nach der anderen zu zünden. Innerhalb kürzester Frist entstand ein inzwischen unübersehbares Chaos von über 650 Einzelprogrammen und Programmanreizen. Ein buntes Feuerwerk an bürokratischem Aktionismus wurde verschossen. Es verdeckt bis heute, daß die für jede Marktwirtschaft so zentralen wie neuralgischen Märkte der Produktionsfaktoren Arbeit und Kapital dadurch paralysiert werden.

Weil die marktwirtschaftliche Missionierung des deutschen Ostens mit behinderten Faktormärkten begann – der dritte Faktormarkt für Grund und Boden ist ja bis heute durch die auf ihm lastenden Rechts- und Unsicherheitshypotheken stark blokkiert –, konnte sie nichts anderes hervorbringen als eine fast lupenreine Bazar-Wirtschaft. Wir können den Terminus wörtlich nehmen, denn die in den neuen Bundesländern neu eingerichteten Supermarktflächen machen je Einwohner mehr als das Zehnfache derjenigen in Westdeutschland aus.

Nur: Trotz Konsumfreiheit muß sich der Neu-Investor und -produzent mit einer Fülle von rechtlichen, administrativen und sonstigen Schwierigkeiten und Unwägbarkeiten herumschlagen, vor allem mit einer für ihn übermächtigen westlichen Konkurrenz. Dazu kommt eine ihn zunehmend verunsichernde Flut von immer neuen Zielvorgaben, Kommentaren, Zeit- und Kapitalbedarfsrechnungen aus Politik, Wirtschaft und Wissenschaft. Mit jeder neuen Zahl stellt sich dem bangen Investor die Frage, ob, wieweit und worin er seine langfristigen Pläne korrigieren oder ob er sie bis zur Unverbindlichkeit zurückstellen soll.

Glaubt man, daß es zum Vertrauen in oder zur Geduld mit der neuen Marktwirtschaft beiträgt, wenn die Sehnsucht aller Bürger Ost (Angleichung ihres Realeinkommens an das westdeutsche, Ausgleich der Produktivitäts- und Wettbewerbsstrukturen in ganz Deutschland) in immer fernere Zeiten gerückt und das Erreichen dieses Ziels von immer neuen und höheren Transferaufwendungen abhängig gemacht wird? Denn auch darin unterscheidet sich die Markt- von der Planwirtschaft: Man gibt erst gar nicht vor, Ziele, die man anstrebt, und Mittel, die man einsetzt, quantifizieren zu können. Weder lassen sich Marktabläufe auch nur einigermaßen voraussehen oder -sagen, noch garantiert gleiche Sicht in die Zukunft – vorausgesetzt, so etwas läßt sich arrangieren – besseren oder stetigeren Marktverlauf. Märkte ziehen ihre Funktion und Dynamik gerade daraus, daß sie bislang ungeahnte Energien freisetzen und die unterschiedlichen Pläne und Erwartungen der Marktpartner ausgleichen und aufeinander abstimmen. Ludwig Erhard wußte genau, warum er es strikt ablehnte, irgendwelche Zahlen zum Zeit- und Kapitalbedarf »seines« Wirtschaftswunders zu nennen oder von seinen Mitarbeitern berechnen zu lassen. Dergleichen hätte die Marktrhythmen mehr gestört als geglättet, es hätte die Auf- und Abschwünge zwar vereinheitlicht, aber auch vertieft.

Dazu eine Reminiszenz: Noch 1951, das westdeutsche Wirtschaftswunder war bereits voll im Gange, sprach das renommierte Institut für Weltwirtschaft an der Universität Kiel der jungen Bundesrepublik rundweg die »Lebensfähigkeit« ab. Das neue Staatswesen, ein ärmeres England, werde ewig von ausländischer Hilfe und Unterstützung abhängig bleiben und außerstande sein, seine stark angeschwollene Bevölkerung aus eigener Wirtschaftskraft zu beschäftigen und zu ernähren. Dabei hatte sich die Produktivität der in Westdeutschland Beschäftigten bis 1951 gegenüber dem Stand vor der Währungsreform um fünfzig Prozent erhöht und stieg natürlich weiter. Und schon 1952 stellten sich jene Export- und Leistungsbilanzüberschüsse ein, die dann aus der Bundesrepublik das Erfolgsmodell des Westens schlechthin machten – eine Volkswirtschaft, die Jahr für Jahr mehr produzierte, als sie zu Hause bei permanent steigendem Lebensstandard konsumieren und investieren konnte.

Eine der sichersten, ergiebigsten – aber eben auch leider unkalkulierbaren – Quellen künftigen Wirtschaftswachstums sowie wahrer Quantensprünge in der Kapital- und Arbeitsproduktivität der neuen Bundesländer liegt in der Modernität ihres neu entstehenden Kapitalstocks. Was immer hier nach 1990 mit steigender Tendenz neu investiert wird, ist um Jahre, wenn nicht Jahrzehnte in Ertrag und Marktverwertbarkeit dem voraus, was in der Bundesrepublik Alt (hier stimmt der Terminus) schon ebenso lange steht. So wie die junge Bundesrepublik vor vierzig Jahren dank der Modernität ihrer Neuanlagen alte Industrieländer wie England oder Belgien überrundete, hat jetzt auch Ostdeutschland die Chance, schneller als erwartet mit dem Westen Deutschlands und Europas gleichzuziehen. Das kann aber nur gelingen, wenn der Investitionsaufwand je Arbeitsplatz sowohl gesteigert wie auf dem hohen Westniveau gehalten wird und wenn für diese Investitionen und ihre Produkte auch die entsprechenden Märkte gefunden werden können.

In diesen, aber auch nur in diesen zwei Punkten gleichen sich das alte Wirtschaftswunder und das neue, noch zu inszenierende. Es geht um die Marktwirtschaft, ihren Auf- und Ausbau, noch mehr aber um ihre Unterstützung – denn sie braucht mehr als lediglich ihre Rahmendaten.

Es geht daher im folgenden Sieben-Punkte-Programm weder um einen »Entwicklungsplan« für die neuen Bundesländer noch um eine »planification à la française«, eine Art amtlichen Wunschtraum, den die privaten Akteure doch bitteschön zur Entlastung der Regierung verwirklichen mögen. Es geht lediglich um jene Daten, die die Politik den Märkten zu deren Selbstinformation schuldet, die sie brauchen, um den gesamtwirtschaftlich richtigen Weg zu finden. Es versteht sich von selbst, daß diese Daten klar und konsistent sein müssen. An Unklarheit und Verwirrung hat es bislang ja nicht gemangelt.

Das Programm

Erster Punkt:
Die Beseitigung des Förderchaos

In den Aufbaujahren der alten Bundesrepublik gab es für die auch damals reichlich vorhandenen Förderprogramme und -hilfen leicht zugängliche Handbücher und Übersichtswerke. Im innerdeutschen Marshall-Plan der Gegenwart fehlen sie fast völlig. Dabei ist die Registrierung der öffentlichen Programme die Voraussetzung sowohl für ihre Nutzung – denn wer kennt sie schon alle? – wie für ihre ebenso notwendige Vereinfachung und Systematisierung.

Wenn es in den für die Vergabe dieser Mittel zuständigen Ministerien, Verwaltungen, öffentlich-rechtlichen Kreditinstituten oder bei der Treuhand keine Autoren gibt, die an der Edition solcher Bestseller interessiert sind (in der alten Bundesrepublik gab es sie stets), ist eben auch die Veröffentlichung öffentlich zu betreiben. Die Fördermittel brauchen ihren Markt und ihren Wirt, deshalb müssen sie allgemein bekannt gemacht werden und für jeden Interessenten über- und durchschaubar sein.

Aber es geht nicht nur um die Beseitigung des Förderchaos. Wer immer als Investor fremdes Marktgebiet betritt, braucht eine ökonomische Landkarte. Er muß wissen, was es in der Region gibt und was ihr fehlt. Inzwischen wirbt jedes bessere Entwicklungsland mit Investorenprospekt und -fibel um das so bitter notwendige Risiko- und Joint-venture-Kapital. Darin wird man unterrichtet über die Größe des Landes, die verfügbaren Ressour-

cen (Arbeitsbevölkerung, Bodenschätze), über die Ausstattung
mitsamt der Infrastruktur, die Rechtsverhältnisse, das Wirt-
schafts-, Währungs- und Finanzsystem, die zuständigen Behörden, die landespezifischen Besonderheiten und so fort. Dergleichen fehlt in den neuen Bundesländern auf Länder- wie Kommu-
nalebene weitgehend. Ein Investor, der sich die nötigen Basis-
und Vorabinformationen erst mühsam und zeitraubend beschaffen muß, verliert nicht nur Geld und Zeit, sondern auch die Lust
am Engagement. Was wir unsererseits der Dritten und jetzt auch
noch der Zweiten Welt beibringen, sollten wir auch zu Hause
praktizieren.

Niemand unterstellt der Treuhand Inkompetenz oder Insider-
Geschäfte. Aber sie gerät unweigerlich ins Zwielicht, wenn sie
das ihr übertragene – ehemals volkseigene – Realvermögen der
neuen Bundesländer weder ganz noch richtig bewertet und in
kaum kontrollierter Verantwortung verwertet. Die Aktiva und
Passiva der Wirtschaft der früheren DDR haben immer noch einen volkswirtschaftlichen und einen betriebswirtschaftlich-bi-
lanziellen Wert. Beide Werte stimmen jedoch nicht überein, und
auch die inzwischen gefundenen bilanziellen Wertansätze – aus
den sogenannten DM-Eröffnungsbilanzen – sind kaum überzeugend; sie repräsentieren schließlich einen kunterbunten Mix aus
Alt-, Verkehrs- und Schätzwerten. Für die Treuhand sind allein
die letzteren maßgebend und relevant. Die geradezu phantasti-
schen Diskrepanzen zwischen früheren Soll- und derzeitigen Ist-
Rechnungen (Vorausschätzung und Realisierung, Bilanzwerte
und Verkaufserlöse) werfen jedoch ein Schlaglicht darauf, was
dieses Rechenwerk der Treuhand wert ist: wenig.

Man kann daraus den einen oder anderen Schluß ziehen. Entweder sind die meisten DM-Eröffungsbilanzen wenig zuverläs-
sig, was unter den obwaltenden Umständen sogar verständlich
wäre, da der Bewertungsauftrag, der der Treuhand erteilt wurde,
viel zu eng gefaßt war. Er klammerte den volkswirtschaftlichen – oder sozialen – Wert der Unternehmung für die betref-
fende Region (Stadt, Landkreis), für ihre Arbeitsplätze, Markt-

vernetzung (Zulieferbetriebe), für die lokale Kaufkraft und die davon ausgehenden Nachfrageeffekte völlig aus. Oder – so könnte ein anderer Schluß lauten – die Treuhand hat große Teile des ihr zur Privatisierung übertragenen Vermögens schlicht unter Wert verkauft, will sagen: verramscht, was – wenn es zutrifft – die Frage aufwirft, zu wessen Gunsten das geschah.

Eine nachträglich Kontrolle der Treuhand-Aktivitäten steht somit vor dem Dilemma, die schon jetzt exorbitanten Treuhand-Verluste – über 200 Milliarden DM mit akuter Verdoppelungsgefahr bis 1995! – entweder dem falschen Auftrag anzulasten oder der fehlerhaften Geschäftsführung. Begrenzen läßt sich ohnehin nur noch der künftige Treuhand-Schaden. Daraus läßt sich zweierlei folgern und fordern: Erstens muß die Tätigkeit der Treuhand unter öffentlicher Aufsicht stattfinden, und sie muß durchschaubar sein. Projekte, die zum Verkauf, zur Sanierung oder Liquidation anstehen, müssen öffentlich ausgeschrieben beziehungsweise angekündigt werden. Verwertungen darf es nur in Form einer ebenfalls öffentlichen Auktion geben. Verkäufe an nur einen Bieter – und handle es sich um das Buy-out eines Unternehmens durch Management oder Belegschaft – bedürfen der Doppelgenehmigung durch Verwaltungsrat und Dienstaufsicht, um jeden Verdacht zu zerstreuen, daß es sich um einen Gefälligkeitsverkauf handeln könnte.

Der Verbörslichung der Treuhand-Aktivitäten sollte eine periodische Auflistung aller geplanten Transaktionen in einem Treuhandanstalt-Journal dienen. Und weiter: Keine der geplanten Auktionen darf vor Ablauf einer mehrmonatigen Bewerbungs- und Eingabefrist anberaumt werden, auch wenn sich dadurch das Verfahren verzögert. Denn nur so kann sichergestellt werden, daß marktwirtschaftlich vertretbare Konkurrenzpreise für die ausgeschriebenen Objekte und ihre Aktiva zustandekommen.

Zweitens holt die Treuhand vor Einleitung jedes Auktionsverfahrens und der Auflistung im THA-Journal ein Votum der zuständigen Landesregierung hinsichtlich des sozialen Wertes der betreffenden Betriebseinheit und ihres ökologischen Schadenspotentials ein. Die Berücksichtigung des sozialen Wertes liefert der Treuhand einen legitimen und nachprüfbaren Grund für etwaige Preisnachlässe an Erwerber, die die Betriebe weiterführen. Die genauere Kenntnis der ökologischen Kosten ihrer Betriebe versetzt die Treuhand in die Lage, exaktere Auflagen zu formulieren und im Falle der Sanierung oder Liquidierung besser zu kalkulieren.

Würde die Treuhand ihre Geschäfte so abwickeln, wäre endlich Schluß mit den Vorwürfen, alles sei zu geheim, zu wenig öffentlich und zu wenig marktwirtschaftlich wie volkswirtschaftlich ausgerichtet. Aber auch ein anderer Vorwurf wäre dann ausgeräumt, nämlich daß die Treuhand die neuen Bundesländer beherrsche wie der Vogt Geßler die Schweiz – selbstherrlich, undemokratisch und zentralistisch. Das hier skizzierte Verfahren garantiert einen Föderalismus der ständigen Sach-Kooperation und damit auch ein besseres Verhältnis zwischen Ost- und Westdeutschen – nicht nur auf Regierungsebene, sondern auch im Stimmungsklima.

Zweiter Punkt:
Schach der Kapitalflucht

Der innerdeutsche Finanzierungskreislauf gleicht das ostdeutsche Kapitalbildungsdefizit nicht aus, sondern er verstärkt es. Die Transfermilliarden aus Westdeutschland – überwiegend Einkommenstransfers – schaffen kein Sachkapital (Investitionen), allenfalls Geldersparnisse. Der größte Teil dieses Geldes – 1992 waren es brutto 185 Milliarden mit steigender Tendenz – fließt in den Konsum der Ostdeutschen, was wiederum die Konjunktur in Westdeutschland stützt, in Ostdeutschland hingegen nur, sofern es sich um Ausgaben für lokale Güter und Dienstleistungen handelt.

Was für die Einkommen gilt, gilt weitgehend auch für die Geldersparnisse: Das Sparkapital – es macht inzwischen immerhin über zehn Prozent der verfügbaren Einkommen aus – fließt überwiegend nach Westdeutschland mangels geeigneter Investitions- und Anlageobjekte in den neuen Bundesländern. Was soll der vor Ort etablierte Bankenapparat mit seinen Einzahlungsüberschüssen denn auch anderes machen, als sie zurück an die Zentrale in Westdeutschland zu überweisen, wenn es vor der Haustür weder genügend Kredit- noch Anlagekunden oder Anlagemöglichkeiten gibt?

Die neue Geld-, Kredit- und Kapitalmarkteinheit für ganz Deutschland wirkt sich für den Osten unvermeidlich als Abfluß-, für den Westen als Zuflußrohr aus, denn die großen Kreditkunden, Wertpapieremittenten und Geldsucher befinden sich in Deutschland West.

Letztlich finanziert der aus öffentlichen Mitteln in Westdeutschland aufgebrachte Einkommens- und Sozialtransfer in die neuen Bundesländer außer den laufenden Ausgaben der Ostdeutschen auch deren Geldanlagen in Westdeutschland – eine weder gewollte noch genau erfaßbare private »Kapitalflucht«. Auch hier erweist sich die Marktwirtschaft zwar als Selbstläufer, aber sie ist ein ausgesprochen langsamer Starter. Erst wenn in Ostdeutschland der Investitionsmotor anspringt und schneller läuft als bisher, wird sich die finanzielle Schieflage im Geld- und Kapitalmarkt zwischen westlichem und östlichem DM-Gebiet ausgleichen, das heißt: sobald es in Ostdeutschland die gleichen Absorptionsmöglichkeiten für lokal gebildetes Geldkapital (Ersparnisse) gibt wie in Westdeutschland. Dabei stört es keineswegs, wenn Ostdeutschland seine bisherige passive Leistungsbilanz gegenüber Westdeutschland beibehält, nur müßte dieses Defizit aus westdeutschen sowie ausländischen Sparüberschüssen (gleich: Kapitalimporten der neuen Bundesländer) finanziert werden. Jetzt aber ist es so, daß die hohen westdeutschen Transferleistungen, hinter denen das den deutschen »Zinskrieg« anheizende Budgetdefizit des Bundes steht, ein zusätzliches Defizit in der Kapitalbilanz Ostdeutschlands gegenüber Westdeutschland finanzieren, also weit mehr als »real« nötig.

Der gesamtdeutsche Staat verschuldet sich am gemeinsamen Kapitalmarkt und bezieht einen Teil der Mittel aus Geldanlagen der Ostdeutschen, die erst aufgrund dieser Verschuldung entstehen – ein nicht sehr sinnvoller Kreislauf. Richtig wäre es, das in Ostdeutschland gebildete Geldvermögen (Ersparnisse) auch für ostdeutsche Investitionen und Arbeitsplätze verfügbar zu machen. Aber genau das erreicht man mit dieser Art der »Förderung« nie. Gefördert werden nämlich vornehmlich nur solche Investitionen (Sachkapital), die aus Eigenmitteln der Unternehmen (Selbstfinanzierung) oder Krediten (Fremdmittelaufnahme) bestritten werden, denn auf beiden Finanzierungsbereichen liegt das Schwergewicht der Kapitalbildungssubventionen für die neuen Bundesländer. Was aber wird aus dem Sparer (Geldkapitalbildner), der als Geldgeber, Kreditlieferant oder Aktionär seinen Beitrag zum ostdeutschen Wiederaufbau leisten will? Er wird ausgegrenzt und bleibt auf »bloßen« Zins- oder Dividendenertrag respektive Gewinnbeteiligung angewiesen. Wenn er für sein Engagement in Ostdeutschland doch nichts erhält (und weniger als ein Investor), kann er auch gleich auf Nummer Sicher gehen und sein Geld in westdeutschen Titeln anlegen!

Man kann darüber streiten, ob es in der Geld- und Marktwirtschaft überhaupt sinnvoll ist, die Sachkapitalbildung (Investitionen) der Geldkapitalbildung (Sparen) vorzuziehen, denn schließlich ist letztere die Voraussetzung der ersteren. Macht man es umgekehrt, erhält die Sache unweigerlich einen Zug ins Inflatorische. Ganz sicher ist es aber unsinnig, den Sparer gegenüber dem Investor zu diskriminieren, wenn man auf sein Sparkapital dringend angewiesen ist. Es muß also ein Weg gefunden werden, der es für ost- wie westdeutsche Sparer reizvoll macht, ihr Geld in Ostdeutschland unternehmerisch arbeiten zu lassen.

Eine gezielte Sparförderung Deutschland Ost ließe sich entweder über eine spezielle Investmentbank nach dem Muster der Weltbank-Tochter International Finance Corporation (IFC) oder der deutschen Entwicklungsgesellschaft (DEG) betreiben oder aber – unter Mitwirkung des gesamten Bankenapparates in der Bundesrepublik Deutschland – über ein spezielles Wertpapier: einen analog zum Bundesschatzbrief konzipierten Bundesvermögensbrief (BVB). Emittent des BVB ist der Bund; er verschuldet sich gegenüber dem Sparer. Im Gegenzug erwirbt er jedoch eine Forderung gegenüber der diese Mittel verwaltenden Bank beziehungsweise deren Kapitalanlage- oder Investmentfonds. Insofern ist also die aus dem BVB resultierende zusätzliche Bundesschuld vermögensgedeckt und ganz im Sinne des Artikel 115 des Grundgesetzes.

Die Banken beziehungsweise ihre Fonds stellen Eigenkapital, und zwar auf Zeit – gemäß der Laufzeit des BVB –, jenen Neu- und Jungunternehmern zur Verfügung, die über solches Kapital nicht verfügen und es sich auch nicht leicht (über Börse oder Aktienmarkt) beschaffen können. Es handelt sich also um eine Eigenkapitalersatzfinanzierung während der schwierigen Gründungs- und Betriebseröffnungsphase. Und die Banken beziehungsweise ihre Fonds spielen in dieser Phase die Doppelrolle einer Börse für den kleinen, aber wichtigen Mittelstandsunternehmer sowie eines ihn begleitenden und beratenden Partners, denn sie werden zu (stillen) Miteigentümern und -gesellschaftern der neuen Unternehmer und Unternehmungen und teilen deren Risiko und Verluste. Da sie jedoch gegenüber dem Bund für das in seinem Auftrag verwaltete und investierte Kapital haften, brauchen sie für diese Garantie ein Entgelt; daher kassieren sie von ihren Unternehmenspartnern eine jährliche Avalgebühr von – sagen wir – 2,5 Prozent pro Jahr. Der Sparer wiederum, der in vollem Umfang an der Investitionsförderung partizipiert – sie geht bis zu 50 Prozent steuerlicher Absetzung vom Einkommen, verteilt auf fünf Jahre, also bis 10 Prozent pro Jahr –, kann und wird sich mit einer symbolischen Verzinsung seiner Sparleistung, sagen wir von weiteren 2,5 Prozent jährlich, begnügen.

Offen bleibt lediglich, wer diese Zinsen aufbringt, der Investor oder der Bund.

Wir sehen: Sowohl die Erträge wie die Kosten dieses zusätzlichen Marktes für ostdeutsches Eigenkapital werden auf die Beteiligten zwar nicht brüderlich, aber höchst solidarisch und funktionsgerecht verteilt. Die Sparer werden durch hohe Steuergewinne angezogen und entschädigt; dadurch bleibt das Kapital, das sie bilden, billig für den Investor und den Bund. Die Investoren erhalten ein ihr Risiko und ihre Verluste teilendes, von Zinsen wie Dividenden zunächst freies mithaftendes Eigenkapital; sie müssen allerdings ihren mithaftenden Partnern, den Banken, ein Mindestrisiko vergüten in Form einer – kalkulierbaren – Jahreseinmalprämie von 2,5 Prozent pro Jahr. Wenn der Bund die Verzinsung übernimmt, ist das alles, oder es kommen nochmals 2,5 Prozent Kapitalverzinsung dazu. Ob 2,5 Prozent oder 5 Prozent Jahresbelastung – die Investoren kommen billig an ihr benötigtes zusätzliches Eigenkapital heran.

Lediglich die Bankwelt muß sich fragen, ob für sie die Rechnung aufgeht, was sie natürlich zunächst bestreiten wird. Sie trägt ja das Risiko für das dem Investor vorgeschossene Eigenkapital, nicht der Individualsparer, und sie trägt den Aufwand ihrer Fondsverwaltungen. Aber sie macht auch Gewinne, zum Beispiel mit den Zwischenanlagen und der verfügbaren Liquidität.

Die »Unlogik«, daß der Sparer die Förderprämien und -zulagen kassiert, Risiko und Kosten dagegen von den Banken getragen werden, löst sich dadurch auf, daß ja die Bank etwaige Verluste wertberichtigen kann zu Lasten von Steuerschulden, der Sparer dagegen nicht. Außerdem brennen die Banken, nimmt man die Worte ihrer Meinungsführer ernst, seit langem darauf, etwas zum Wohle Deutschlands zu tun. Ein Restrisiko und -obligo müssen sie schon tragen, damit sie die ihr zur Beteiligungsfinanzierung vorgelegten Projekte auch kritisch genug prüfen; denn was spornt mehr zu genauem Prüfen an als Haftung für Risiken?

Mit dem »Vermögensschätzchen« wird nicht nur der Sparer

dem Investor gleichgestellt, was bereits die Vermögensgerechtigkeit erfordert, es wird auch eine höhere Effizienz erzielt, da ein äußerst ergiebiger Markt für Eigenkapital in Deutschland Ost eröffnet wird.

So wenig die bislang praktizierte Arbeitsförderung, die in Wahrheit eine notdürftig verkleidete Arbeitslosigkeit ist, neue und zukunftssichere Arbeitsplätze geschaffen hat, so wenig läßt die auf Teilbereiche der Unternehmensfinanzierung beschränkte Kapitalsubventionierung einen funktionsfähigen Kapitalmarkt entstehen. Im Gegenteil: Die steuerliche Privilegierung der Selbstfinanzierung entzieht dem Kapitalmarkt sogar Mittel, denn sie wirkt wie eine Kapitalverkehrssteuer am Fabriktor. Werden Cash-flow und Kapital nicht im eigenen oder überhaupt in einem Betrieb (re-)investiert, werden sie steuerlich bestraft – durch Entzug der Förderung. Die zinsliche Privilegierung der Kreditfinanzierung wiederum verstärkt die Verschuldung der Betriebe – als ob man nicht wüßte, daß nichts sicherer in den Bankrott führt als eine in die Höhe getriebene Fremdverschuldung (noch dazu zu relativ hohen Zinsen, die erst einmal verdient werden müssen).

Mit der gleichzeitigen Förderung von Investieren, Sparen und Eigenkapitalbeteiligung in den neuen Bundesländern wird nicht nur eine ergiebige Quelle für Unternehmer- wie Unternehmensfinanzierung erschlossen. Es wird vor allem der Startschuß gegeben für das, was man in Ostdeutschland am dringendsten braucht und am schmerzlichsten vermißt: eine Gründungs- und Gründerkonjunktur. Erst dann wäre man nicht mehr auf Direktinvestionen der Unternehmensgiganten aus der alten Bundesrepublik angewiesen, auf die großen Elektro-, Stahl-, Auto- und Chemiekonzerne, die bei der geringsten Flaute der Weltkonjunktur ihre Pläne revidieren, vertagen, streichen. Man käme mit der Vermögensförderung für alle und alles direkt an die Pioniere jedes wirtschaftlichen Neubeginns und Aufbruchs heran, die eigentlichen Träger eines späteren Wirtschaftswunders: die Unternehmer aus Handwerk, Mittelstand und Kleingewerbe, das »Salz der Marktwirtschaft«, wie Schumpeter einst sagte.

Und die Tatsache, daß bei dieser Art Förderung der Staat gleich zweimal zahlt: einmal beim Sparer, wenn dieser Vermögensschätzchen kauft, und zum anderen beim Investor, wenn der diese Mittel einsetzt? Derselbe Staat wird dafür in Milliardenhöhe entlastet; denn jedes Mehr an privat finanzierten Investitionen und privat finanzierten Voll-Arbeitsplätzen füllt endlich die Kassen der neuen Bundesländer und ihrer Gemeinden und (er-)löst sie vom Tropf der westdeutschen Transferleistungen und -lasten.

Es kommt hinzu, daß Überschüsse in den über das Vermögensschätzchen finanzierten Kapitalanlagefonds des Bankapparates – Beträge, die die Nachfrage des Privatsektors übersteigen – voll zur Finanzierung des öffentlichen Unternehmersektors bereitstünden, also jener öffentlichen Investitionen, deren Träger über eigene Bilanz und Rechnungslegung verfügen: E-Werke, privat betriebene Autobahnen oder (teil-)privatisierte Regiebetriebe wie die Post und demnächst die Bahn.

Mit der Grundsteinlegung eines Marktes für Eigenkapital allein für Deutschland Ost wird nicht nur die Marktwirtschaft da eingesetzt, wo sie seit jeher ihr Bestes leistet – in der Bewirtschaftung knapper Mittel –, sondern der Staat wird entlastet. Es kommt zu einer privaten Vermögensoffensive, und staatliches Zwangssparen (über Steuererhöhungen) kann und wird sich in Grenzen halten können.

Man hätte mit Hilfe des Staates einen Eckpfeiler der Marktwirtschaft errichtet, der solange trägt, wie man ihn braucht. Der Staat hätte sich zusammen mit den Banken als Geburtshelfer am Kapitalmarkt bewährt. Läuft dieser erst einmal von selbst, können sich die Helfer zurückziehen. Sie hätten ihre Aufgabe erfüllt.

Dritter Punkt:
Die Sanierung von Industrie und Landwirtschaft

Welchen Sinn hat es, alte Agrar-, Industrie- und Beschäftigungszentren zu erhalten? Die Frage wird klarer, wenn man weiß, was das nicht heißen kann oder darf. Weder lassen sich die alten Groß- und Genossenschaftskollektive in der Landwirtschaft erhalten noch die Produktionspalette und Kostenstruktur in der nun auf DM umgestellten DDR-Industrie. In der Landwirtschaft hat nicht nur die deutsche Vereinigung neue Daten gesetzt, sondern auch der gemeinsame Agrarmarkt der EG, der die Agrarbetriebe der Ex-DDR unter zusätzlichen Kosten- und Anpassungsdruck setzt. Denn in der DDR leistete man sich noch höhere, »kostendeckende« – in Wahrheit nur die Produktivitätsrückstände ausdrückende – Agrarpreise als in der EG. In der Industrie ist das, was die Treuhand unter Sanierung versteht, weitgehend abgeschlossen; die unverkäuflichen Reste können nur noch abgeschrieben oder über den Konkurs vermarktet werden. Um die Arbeitsplätze der freigesetzten Menschen nachhaltig zu sichern, müssen ganz neue Industriekomplexe geschaffen werden, denn die alten gibt es im vereinigten Deutschland jetzt zum großen Teil zweimal, im Osten wie im Westen. Nur, daß sie im Westen produktiver und im Wettbewerb überlegen sind.

Es geht daher in Ostdeutschland im wesentlichen um Neues: Innovationen auf dem Produkt- wie auf dem Verfahrenssektor. Mit dem alten »Made in GDR« ist nirgendwo in der Welt noch viel Markt zu machen, zumal ein Großteil alter Spitzentechnologie der früheren DDR – von der Elektronik bis zur Laser- und Computertechnik – davon profitierte, daß dank Kaltem Krieg und COCOM-Liste (Embargo für strategische Güter) die meisten Märkte im sozialistischen Ostblock konkurrenzfrei waren.

Fehlt es in der ostdeutschen Landwirtschaft vor allem an Menschen, nämlich qualifizierten und motivierten, so in der Industrie und im Dienstleistungsbereich vor allem an Kapital, an

Eigenmitteln für den Aufbau neuer Zentren (wozu wir in Punkt zwei schon einiges gesagt haben).

Für eine bäuerliche Restrukturierung der Groß- und Genossenschaftskolchosen fehlen schlicht die Bauern: Vierzig Jahre Sozialismus haben diesen Berufsstand im deutschen Osten dezimiert – zwar nicht so brutal wie in der früheren UdSSR durch Mord und Elend, aber doch auf »feinere«, bürokratisch-systematischere Weise. Bauern, die noch ihren eigenen Hof bewirtschaftet haben, sind heute siebzig Jahre alt und älter. Die derzeit in der ostdeutschen Landwirtschaft tätigen Spezialisten haben weder Betriebsleitererfahrung noch ein ausgeprägtes Verhältnis zur Natur, zu Boden, Pflanzen und Tieren). Sie sind Arbeiter, Mechaniker, Chemiker, Ingenieure – Menschen, denen geregelte Arbeit auf dem Feld, im Stall, am Traktor, im Büro mehr liegt als das beherzte Zupacken auf dem Feld oder im Stall oder das unternehmerische Vorausplanen der Ernte bei der Einsaat. Aber eine Landwirtschaft ohne Bauern funktioniert nicht.

Ein Programm zur Revitalisierung des Bauernstandes muß vielerlei bedenken und zusammenführen: gute Schulungsmöglichkeiten für den bäuerlichen Nachwuchs, Anhebung der Lebensqualität auf dem Dorf, großzügige Kauf- und Pachtangebote für Nutzflächen aus staatlichem oder Treuhand-Besitz.

Aber es geht auch um Finanzielles und Organisatorisches. Die privaten und kleinbäuerlichen Agrargenossenschaften können nicht überleben, wenn sie nicht entschuldet werden. Sind sie erst einmal tot, gibt es weder etwas zu sanieren noch zu reformieren. Mit ihnen aber würden die letzten Reste und Bastionen bäuerlichen Mittelstandes vernichtet, die den Sozialismus überlebt haben und jetzt nicht der Marktwirtschaft, sondern dem demokratischen Staat, der sie eigentlich retten sollte, zum Opfer fallen. Denn für die Schulden aus der Währungsumstellung sollte dieser haften – oder, wie im Fall der ehemaligen DDR-Staatsgüter, seine Treuhand – und nicht jene, die am härtesten von dieser Umstellug betroffen sind und, wie alle kleinen, über keine starke Lobby verfügen (siehe hierzu Sünde drei).

Lehren aus den Fehlern der Vergangenheit zu ziehen, heißt im Fall der ostdeutschen Landwirtschaft:

– Umwandlung der Produktionsgenossenschaften in Vermarktungs- und Kreditgenossenschaften, wobei die Volksbanken auf dem Land wertvolle Hilfe leisten könnten;

– Aufteilung der unüberschaubaren Agrarkombinate in bewirtschaftbare Bauernhöfe, deren Mittelpunkt wieder das Dorf ist und nicht mehr die Kolchose.

Auf solchen Bauernhöfen hebt sich die groteske Trennung von Feld-, Wald- und Viehwirtschaft von selber auf, geht auch der Raubbau an der Natur zurück. Ein Bauer weiß, daß er von der Regeneration seiner Ressourcen abhängt, also geht er pfleglich mit ihnen um. Dennoch verdient er Ermunterung – auch pekuniäre – für seine Arbeit an der Erhaltung und Gestaltung der Natur, die verhindert, daß unsere Umwelt zur chemisierten Wüste verkommt und dem Trinkwasser Gefahr droht oder daß das kultivierte Land wieder zu Brachland, Öde und Urwald wird.

Auch das gehört zu den Ungereimtheiten der deutschen Vereinigung: Da geriert sich ein Bonner Landwirtschaftsminister mit Tausenden von Mitarbeitern in der Zentrale und in den Provinzen als Schutzvogt agrarischer Sonderinteressen zu Lasten der Allgemeinheit und der deutschen Exportinteressen in der Welt-(Wirtschaft) von heute und morgen. Und zu den Fragen, die wirklich auf den Nägeln brennen, nämlich beispielsweise, durch welche Reform ihrer Strukturen an Haupt und Gliedern die Landwirtschaft im deutschen Osten in ihrem Kern gerettet werden kann, hört man kaum amtliche Vorschläge, Modelle und Pläne. Wenn jemand die letzten drei Jahre verschlafen hat, dann der für die Landwirtschaft zuständige Minister in Bonn.

Wenn Unternehmen ums Überleben kämpfen, bleibt ihnen kein Geld für neue Projekte. Es ist daher kein Zufall, daß die Bonner Pläne für eine Bestandsgarantie der industriellen Kerne in Ostdeutschland just zu der Zeit bekannt werden, da sich der Konjunkturhimmel über Deutschland verdüstert und immer mehr westdeutsche Konzerne ihre Investitionspläne in Ostdeutschland revidieren. Ohne Gewinn im Westen des Landes fließt eben weniger oder gar kein Privatkapital in den deutschen Osten.

Die Frage ist, was die deutsche Volkswirtschaft – insbesondere die ostdeutsche – gewinnt, wenn statt der privaten Unternehmen der Staat in die Bresche springt und an die Stelle einer effizienten, überschaubaren und dringend notwendigen Förderung neuer Investitionen nun die Garantie des alten, abgewirtschafteten und unrentablen Bestandes tritt.

Das Konzept ist doppelt widersprüchlich, denn dem Wust der schon bestehenden 650 Einzelprogramme und Anreize wird nun auch noch die Förderung des Alten, eigentlich Abzubauenden entgegengestellt. Sollte letzteres Erfolg haben, wird sich die Krise im Westen des Landes verschärfen, denn die in Ostdeutschland mit staatlicher Apparatemedizin am Leben gehaltenen industriellen Kerne sind ja weitgehend die gleichen wie in Westdeutschland: Kohle, Stahl, Chemie, Werften, nur daß allein die westdeutschen auf dem Weltmarkt konkurrenzfähig sind. Es wird also ein Arbeitslosigkeit-Transfer von Ost- nach Westdeutschland stattfinden – auch eine Art Solidarpakt! Nur nützt es den Ostdeutschen nichts, wenn die westdeutschen Kühe kränkeln, auf deren gesunde und reichlich gespendete Milch alle angewiesen sind.

Die neue Bestandsgarantie für industrielle Kerne in Deutschland Ost ist daher nicht nur eine Folge des die Regierung in Panik versetzenden Zusammenbruchs der alten Strukturen sowie des versickernden Flusses privater Investitionen aus Deutschland West. Sie trägt selber dazu bei, diesen Fluß nun erst recht auszutrocknen und den Bonner Staat zu immer neuen und noch weniger vertret- und finanzierbaren Angeboten zu zwingen. Man will sparen und den Etat von Subventionen entlasten, aber das kann nicht gelingen, wenn man schon wieder ein neues Füllhorn öffnet.

Man kann es gar nicht oft genug wiederholen: Es geht in den alten Kernen der früheren DDR-Wirtschaft darum, neue Industrien anzusiedeln, nicht alte zu erhalten. Wie man das macht? Nun, auch Industriegebiete in der alten Bundesrepublik hatten dieses Problem und haben es gelöst: Bayern ist nicht mehr Agrarland, Baden-Württemberg nicht mehr eine Oase kleiner und mittlerer Maschinenbauer, Nordrhein-Westfalen steht längst nicht mehr allein auf Stahl und Kohle, und in den westdeutschen Küstenländern und -regionen lebt man mittlerweile auch nicht mehr nur von Fischfang und Schiffsbau. Wenn es ein Land gibt, das in den letzten Jahrzehnten Erfahrungen mit den diversen Formen, Techniken und Instrumenten sowohl der regionalen wie der sektoralen Strukturpolitik gesammelt hat und auch beachtliche Erfolge auf diesem Gebiet vorweisen kann, dann ist das die alte Bundesrepublik. Nur geschah dies alles nicht auf Bundes-, sondern auf Länderebene.

Wenn sich etwas in der deutschen Vereinigungspolitik rächt, dann die Dominanz des Bundes in der regionalen Strukturpolitik zwischen den beiden Landesteilen. Die alten Bundesländer könnten den neuen Bundesländern nämlich sehr viel mehr Know-how im Bereich aktiver Industriepolitik vermitteln als der Bund, da die Länder seit Jahrzehnten betreiben, was der Bund aus ordnungspolitischen Gründen ebenso lange und trotz der Ländererfolge verketzert – zu Unrecht, wie wir sahen (siehe Sünde fünf).

Man mag über Landesväter die Nase rümpfen, die sich allzu sehr mit den Industriellen ihres Landes einlassen, sich Zeit für deren Sorgen, Versammlungen und Feste nehmen. Aber die realen Investitionsentscheidungen werden eben auf der Unternehmensebene gefällt und nicht von den Verbandsfürsten, Kammerpräsidenten und Gewerkschaftsbossen, die in Bonn beim Bundeskanzler oder seinem Wirtschaftsminister vorsprechen.

Wenn den alten Bundesländern zu Recht der Vorwurf gemacht wird, sie beteiligten sich nicht angemessen genug am horizontalen Finanzausgleich mit den armen Ländern Ostdeutschlands, dann könnten sie diesen Vorwurf dadurch entkräften, daß sie sich verstärkt im Strukturausgleich der beiden Landesteile engagieren: mit Rat, Kontakt und Vermittlung potentiellen Investitionskapitals. Denn auch das gehört zu den Vorzügen des Föderalismus: daß sich Staat und Wirtschaft in der Region, also auf Länderebene, besser kennen, verstehen und näher stehen als das auf Bundesebene möglich wäre.

Die alten Bundesländer können die neuen beraten, ihnen beim Aufbau eines zugkräftigen Förderinstrumentariums, von Infrastrukturvorgaben bis Kredit- und Investitionsgarantien helfen. Aber sie können natürlich nicht fehlendes oder sich verknappendes Risikokapital ersetzen! Das allerdings könnten Deutschlands Banken, zumal sie dem potentiellen und anlagebereiten Unternehmer- und Risikokapital noch näher stehen als die öffentlichen Hände, Förderer und Garanten.

Die deutsche Bankwirtschaft hat in Deutschlands Sternstunden niemals abseits gestanden. Nach 1871, als das junge deutsche Reich wirtschaftlich konsolidiert und für eine dynamische Weltwirtschaft gefestigt werden mußte, schossen sie fehlendes Gründerkapital vor durch ihre Vorreiterrolle bei Aktienemissionen und Börsenplazierungen. Joseph Alois Schumpeter ernannte sie unter dem Eindruck ihrer damaligen Pionierleistung bei der Kapitalbeschaffung zu »Ephoren« der Volkswirtschaft (in der berühmten »Theorie der wirtschaftlichen Entwicklung« aus dem Jahr 1911).

Nach 1948, als sich die junge Bundesrepublik ohne innere Ersparnisse und leistungsfähigen Kapitalmarkt ein investitorisches Wirtschaftswunder erschaffen und finanzieren mußte – denn der Marshall-Plan, eine Hilfe in Nahrungsmitteln, stillte zunächst nur den ärgsten Hunger der darbenden Bevölkerung –, waren es die Banken, die durch ihre Betriebsmittelkredite die Liquiditätsengpässe der sich wieder regenden Wirtschaft überbrückten. Ohne diese Vorfinanzierungsrolle und -funktion der deutschen Kreditwirtschaft hätte so manches bedeutende deutsche Unternehmen entweder gar nicht starten können oder kurz nach dem Start eine Bruchlandung gemacht. Erst als Gewinne und zunehmende Sparkapitalbildung die Ablösung dieser Vorfinanzierung ermöglichten, konnte sich die deutsche Bankenwelt ihrer klassischen Aufgabe, der Vermittlung von Sparkapital an risikobereite Investoren, zuwenden oder besser: sich auf diese zurückziehen.

Es fällt auf, daß die deutsche Bankwirtschaft – und zwar in allen ihren Gruppierungen: privat, öffentlich und genossenschaftlich – in der Sternstunde der Vereinigung der beiden Nachkriegsstaaten eine ausgesprochen passive Rolle spielt. Das Wort »passiv« ist dabei wörtlich oder funktional zu nehmen. Die deutschen Banken waren zwar da, als es galt, in der früheren DDR Filialen und Depositenkassen einzurichten und die aus DDR-Zeiten spärlich überkommenen zu übernehmen, aber sie passen beim ostdeutschen Kreditgeschäft. Die Aktivität dieser Filialen, deren Zentralen alle im Westen Deutschlands verblieben, besteht überwiegend darin, Geld entgegenzunehmen und zu verbuchen (passiv), und eben nicht darin, Darlehens- oder gar Beteiligungspolitik zu betreiben (aktiv) – von Ausnahmen wie der einen oder anderen regional-patriotischen Filiale einmal abgesehen. Zwar fehlt es noch immer an einer für die neuen Bundesländer regional zusammengefaßten und konsolidierten Bankenbilanz, ein Defizit, das mit der Etablierung autochthoner Landeszentralbanken beziehungsweise Bundesbank-Hauptfilialen verschwinden wird. Aber Einzelbeobachtung wie Stichproben bestätigen: Im ostdeutschen Bankgeschäft übertrifft das Depositen- das Debitorengeschäft, die Geldkapitalbildung die Kreditausleihe, weswegen es ja zu der bereits konstatierten »Kapitalflucht« aus dem Osten in den Westen Deutschlands kommt (siehe Punkt zwei).

Natürlich liegt das letztlich daran, daß es in den neuen Bundesländern mehr zu sparen als zu investieren gibt – eine Schere, die sich immer weiter öffnet und keine Tendenz zum Verharren oder gar Schließen zeigt. Aber gerade deswegen müssen sich die deutschen Banken als Funktionsträger die Frage stellen, ob sie ihrer volkswirtschaftlichen – und keineswegs nur patriotischen – Aufgabe als Anreger und Katalysator der Umsetzung von Spar- in Sachkapital (Investitionen) in den neuen Bundesländern gerecht werden. Die Stärke der deutschen Universalbank beruht doch darauf, daß sie jeweils die Funktion herauskehrt und aktiviert, auf die es ankommt – im Fall der neuen Bundesländer eben die der Investmentbank, also jenes Bankentyps, der in der Lage ist, langfristiges Investitionskapital zu mobilisieren: in Kreditwie in Beteiligungsform. Was bremst die deutschen Banken in dieser Rolle und Funktion? Es scheint ein ganzes Bündel von Gründen und Motiven zu sein. Es beginnt mit der personellen Ausstattung der ostdeutschen Regionalzentralen und -filialen. Man hat nicht den Eindruck, daß man hier – soweit es sich um Westbesetzungen handelt – Leute aus der ersten Garnitur einsetzt – verständlich, denn die Lebensqualität in den westdeutschen Bankzentren (Frankfurt, Düsseldorf, Hamburg, München) rangiert vor der in Berlin, Leipzig, Dresden, Magdeburg, Schwerin oder Cottbus. Aber gerade der Nachwuchs in den neuen Bundesländern bedarf des Know-hows von Könnern und erfahrenen Spitzenbankern und nicht desjenigen von braven Fuhrleuten aus dem Park. Wenn sich eine Branche den Zuschlag Ost für verdienstvolle Arbeit und Ausbildung in der Diaspora leisten kann, dann doch wohl die Geldbranche. Sie müßte sich die kreditäre Integration des ostdeutschen Geldmarktes in den gesamtdeutschen schon etwas mehr an zusätzlichem Personalaufwand kosten lassen, denn wenn es mehr Geld gibt, gehen auch talentierte Leute für ein paar Jahre in die »Provinz« nach Cottbus, Rostock, Schwerin oder Magdeburg, zumal wenn Rückkehr in die Zentrale und damit Karriere locken.

Eine nicht zu unterschätzende Rolle für den Rückzug aus dem inländischen Investmentbanking spielen zudem Strukturwandlungen im deutschen Kreditgewerbe selber. Mit der westdeutschen Volkswirtschaft öffneten sich naturgemäß auch ihre Banken der Weltwirtschaft; waren doch DM-Konvertibilität und internationale Finanzmärkte die größten, freiesten und globalsten (wenn man dieses Wort denn noch steigern will) Zugpferde auf diesem Weg. Heutzutage hat jedes deutsche Kreditinstitut – gleichviel welcher Provenienz: privat, genossenschaftlich, öffentlich-rechtlich –»seine« Tochter in Luxemburg oder auf den Cayman-Islands oder gar an beiden Plätzen. Nur daß diese Auslandstochter, verglichen mit der Filiale derselben Bank oder Bankengruppe in Leipzig, Dresden, Schwerin, oder Frankfurt/ Oder, über weit mehr Freiheiten, Kompetenz-, Kredit- und Refinanzierungsvollmachten verfügt als diese. Risiken in US-Dollar gegenüber Brasilien, Mexico, Korea, Hongkong, Singapur dürfen sein; im innerdeutschen Engagement sieht man das ungleich enger.

Hinzu kommt, daß der westdeutsche Nachkriegsstaat, verglichen mit dem Deutschen Reich von 1871, sein staatseigenes Investmentbanking zu üppig ausgebaut und verstärkt hat. Was tummelt sich heute nicht alles an staatlichen Spezialbanken des langfristigen Geschäfts zwischen Fiskus und Kapitalmarkt – ersteren entlastend, letzteren belastend! Da agieren neben der Kreditanstalt für Wiederaufbau die Deutsche Lastenausgleichsbank, die Landwirtschaftliche Renten- und Siedlungsbank, die Deutsche Pfandbriefanstalt und auf der Länderebene ein gutes halbes Dutzend Landesbanken und noch mehr Finanzierungs- und Treuhandfonds und -anstalten – alle gerichtet auf ein Ziel: öffentliche Vorranginvestitionen so privat wie möglich zu finanzieren. Nötig oder nicht, diese reiche Flora staatlicher Kredit- und Finanzierungshäuser und -instrumente vermehrt zwar nicht das verfügbare volkswirtschaftliche Investitions- und Risikokapital, sie drängt jedoch das kommerzielle Kreditgewerbe aus eben diesem Geschäft zurück. Wenn heute, in der Stunde der deutschen Vereinigung und des durch sie virulent gewordenen innerdeutschen Kapitalbedarfs, die deutschen Banken aller Lager ihren traditionellen »Ephoren«-Auftrag schuldig bleiben, können sie zwar darauf verweisen, daß der deutsche Nachkriegsstaat ihnen diesen weitgehend abgenommen hat, doch bleibt die Frage, ob er nicht jetzt angesichts des Mangels an wagnisbereitem Investitionskapital reaktiviert und neu gefaßt werden müßte.

Wir sahen schon (Punkt zwei): Dem Geldkapitalbereitsteller und -lieferanten gebührt zur Minderung seiner Risiken und Anhebung seiner »Sparrentabilität« dieselbe Förderung wie dem Real-Investor. Fehlt es – wie noch auf lange Zeit in den neuen Bundesländern – an beiden Bestandteilen des Kapitalstocks, müssen eben auch beide steuerlich prämiert werden. Was immer der Fiskus an Einnahmen aus dieser Förderung verliert, spart er an sozialen Transferleistungen und kompensiert er durch höhere Erträge, denn Gewinn-, Lohn-, Umsatz- und Gewerbesteuern fließen ja reichlicher.

Das Prinzip der steuerlichen Geldkapitalförderung ist in verschiedenen Fondsmodellen und -lösungen (u. a. »Sachenfonds«) bereits entwickelt und vorgeschlagen worden. Es bedarf jedoch weder spezieller Beteiligungsfonds noch spezieller staatlicher Investitionsbanken und Beteiligungshäuser, um es zu praktizieren oder auf breiter Front durchzusetzen. Es wäre sowohl effizienter wie auch wettbewerbskonformer und -neutraler, wenn allen Banken (kommerziellen wie staatlichen, in- wie ausländischen) eine generelle Prämie für die Bereitstellung langfristigen Beteiligungs- und Eigenkapitals geboten würde, und zwar für alle Neu-Investitionsprojekte in Landwirtschaft, Industrie und Dienstleistungsbereich, die von der zuständigen Landesregierung für förderungswürdig erklärt werden. Die Förderung gilt für die Periode der unmittelbaren Beteiligung und erlischt, wenn die entsprechenden Titel verkauft oder – was gleichfalls denkbar wäre – in ganz normale und verzinsliche Fremdmittel (Kredite) umgewandelt werden.

Im Lichte des bereits zu Punkt zwei Gesagten wäre damit die Prämierung einer zusätzlichen Eigenkapitalbildung zugunsten des wirtschaftlichen Wiederaufbaus im deutschen Osten perfekt: Natürliche Personen (Sparer) erhalten diese auf ihre Vermögensschätzchen, institutionelle Vermittler und Anleger (Banken respektive ihre Fonds) erhalten sie immer dann, wenn sie sich mit Eigenmitteln und in eigener Haftung engagieren, und zwar bei konkreten Investitions- und Wiederaufbauprojekten der Region, über die sie sich mit ihrer Landesregierung verständigen. Da die Banken über diese Form der AfA in erheblichem Umfang Steu-

Theatern und anderen Einrichtungen abgesehen, müssen die meisten dieser Vorhaben landesübergreifend geplant, projektiert und vielleicht sogar finanziert werden, was keineswegs das Wiederaufleben des alten Zentralismus bedeutet, sondern die Bewährungsprobe für einen funktionsfähigen Föderalismus darstellt. Die neuen Bundesländer können zusammen mit der Treuhand entweder ein gemeinsames Gremium schaffen, eine ständige Konferenz der zuständigen Wirtschafts- und Finanzminister mit arbeitsfähigem Stab oder Sekretariat. Oder sie können die Aufgabe an ein kompetentes Forschungsinstitut vergeben: Es hätte einen nach den unterschiedlichen Infrastrukturbereichen und -trägern gegliederten Funktionsplan zu entwickeln. Dieser muß zwei Fragen klären: Was wird wo gebraucht, und was wird das alles voraussichtlich kosten? Was heutzutage Weltbank und IWF jedem Entwicklungsland »zumuten«, dürfte in einem administrativ wie in bezug auf das notwendige wissenschaftliche Know-how auf westlichen Standard gebrachten Gebiet wie dem heutigen Ostdeutschland wohl kaum eine unübersteigbare Barriere darstellen.

Auf der Grundlage eines solchen gemeinschaftlichen Infrastrukturprogramms Ost ginge es dann an die Umsetzung in den Ländern und Gemeinden. Dabei wäre zu unterscheiden zwischen Vorhaben, die unmittelbar aus dem Haushalt über einen Projektträger finanziert werden, und solchen, die eine markt- und bankwirtschaftliche Finanzierung ermöglichen. Letzteres trifft zu für Projektträger mit eigener Bilanz, für Rechnungsführung und Haftung wie Hafen-, Flughafengesellschaften und die teilprivatisierten Post-, Bahn- und Autobahngesellschaften. Wenn erst einmal die Planung steht, wird sich sehr schnell erweisen, daß die Finanzierung weit weniger Schwierigkeiten macht als zunächst angenommen. Die neuen Länder und Gemeinden können ja, da sie ihre Verschuldungskapaziät erst aufbauen – sie wächst mit wachsender Steuerkraft – große Teile ihrer Programme kreditwirtschaftlich selbst finanzieren, entweder indem sie ins Obligo gehen oder für »ihre« Projekte haften, das heißt eine Garantie übernehmen.

Der zweite – kommerzielle – Teil des Programms ist schwieriger zu definieren, jedenfalls in exakten Kriterien und Zahlen, denn er betrifft staatliche Vor- und Zugaben zu privatwirtschaftlicher Aktivität in Regionen und Orten, in denen ein hochgradiges staatliches Förderinteresse besteht. Die Praxis ist alt und muß letztlich im verborgenen betrieben werden. Was immer das MITI in Japan oder seine Imitationen in anderen, höchst erfolgreichen Schwellenländern des pazifischen Raums an geldwerten Vergünstigungen einsetzen, um Wunsch-Investoren für ihre Projekte zu gewinnen, wird zwar mit den zuständigen Gremien – Kabinett, Finanzminister und so weiter – abgestimmt, aber nicht öffentlich verhandelt oder gar mitgeteilt.

Zugegeben: Es ist dies ein Relikt aus den Zeiten landesherrlicher oder »staatspolizeylicher« Fürsorge für Land, Leute und spätere Zeiten, als man noch wußte, daß der Markt wie ein Reiter erst aufs Roß gehoben und in den Sattel gesetzt werden muß, ehe er lostraben kann, und natürlich bedarf eine solche auf Landesmerkantilismus und -protektionismus zielende Entwicklungspolitik im Rechtsstaat, in der Demokratie strenger Aufsicht und Kontrolle, damit sie nicht zur Korruption verkommt. Das heißt: Wenn schon der Staat aus seinem Vermögen oder Besitzstand Fabrikgrundstücke unter Preis abgibt oder Verkehrsanschlüsse bauen läßt, um volkswirtschaftlich prioritäre Privatinvestitionen anzulocken und deren Vorhaben durch solche Vorleistungen zu verbilligen, dann muß auch sichergestellt werden, daß den staatlichen Werbungskosten ein entsprechender volkswirtschaftlicher Ertrag gegenübersteht. Nur: Wer glaubt, ohne diese staatliche Aufzucht- und Erziehungshilfe zur Marktwirtschaft auskommen zu können, zahlt mit horrenden Wachstums- und Prosperitätsgewinnen, die ihm unweigerlich entgehen, und nicht selten sogar mit dem Verlust von politischer Stabilität und einer Schwächung der Demokratie. Aussichten, die schrecken sollten.

Keine Institution wäre geeigneter, in die Rolle eines ostdeutschen MITI – einer Anlauf- und Förderstelle für industrielle und agrarische Wunschprojekte in Ostdeutschland – zu schlüpfen und als Katalysator für solche zu revalorisierenden Projekte zu dienen wie die Treuhand nach Beendigung ihrer Reprivatisierungs- und Liquidationsaufgabe. Schließlich hat sie sowohl das Wissen als auch die Verfügungsgewalt über viele der von Wunsch-Investoren begehrten öffentlichen Besitztümer und Güter. Auch eignet sie sich hervorragend als Kontaktstelle wie »door opener« zu den zuständigen Landes- und Gemeindebehörden. Freilich müßte für dieses spätere, äußerst wichtige Geschäft der Treuhand eine Sonderkontrolle durch die zuständigen Instanzen Verwaltungsrat, Dienstaufsicht und Rechnungshof eingeplant werden. Schon der Fachmann Lenin wußte: Vertrauen ist gut, Kontrolle – noch – besser.

Fünfter Punkt:
Ein Solidarpakt anderer Art

Braucht das vereinigte Deutschland eine »besondere« Lohnpolitik für seinen von Produktionsschwäche und Beschäftigungsdefizit bedrohten Ostteil?

Was plausibel klingt, muß es nicht sein. Erstens war es die Bundesregierung und nicht etwa die Gewerkschaftspolitik, die die lohnpolitische Weiche vom ersten Tag der deutschen Einheit an falsch gestellt hat durch ihr famoses Angebot, neben den persönlichen Ersparnissen auch Löhne, Gehälter und Renten im Verhältnis 1:1 umzutauschen. Das Angebot war kaum heraus, da wurde auch noch kräftig draufgesattelt. Welche Gewerkschaft konnte zu einem solchen Angebot Nein sagen? Es wäre an der Unternehmer- und Arbeitgeberseite gewesen, die Bundesregierung vor den Konsequenzen dieses Schritts zu warnen. Aber die damalige Bundesregierung – es ist ja nicht zufällig die von heute – verstand wie jede Regierung unter Rendite etwas anderes als die Wirtschaft. Was sich auszahlen sollte und auch ausgezahlt hat, waren Stimmen-, nicht Unternehmensgewinne.

Wenn nun dieselbe Bundesregierung von den Gewerkschaften erwartet, daß diese den Geist zurückzwingen in die Flasche, die man selbst entkorkt hat, und das ganze noch Solidarpakt nennt, dann darf sie sich nicht wundern, wenn sie auf wenig Gegenliebe stößt.

Weiter, und darauf kommt es eigentlich an, führt jede Spaltung des Tarifgebietes automatisch zu einer Spaltung des Arbeitsmarktes: Ein (relatives) Hoch-Lohngebiet im Westen, ein deutliches Niedrig-Lohngebiet im Osten des Landes setzt wesentliche Funktionen des einheitlichen Arbeitsmarktes außer Kraft und würde zudem das Realeinkommengefälle zwischen alten und neuen Bundesländern eher erhöhen als ausgleichen. Das Wandern und Pendeln zwischen Ost- und Westdeutschland würde zur Plage, die damit verbundenen Sozialkosten im Wohnungsbau und auf der Straße wären immens.

Wir sahen schon: Bei gleicher Tarifpolitik für ganz Deutschland stellt der Arbeitsmarkt selbst ein hohes Maß an Differenzierungen in den effektiven Löhnen und betrieblichen Lohnstückkosten her. In Westdeutschland markieren die von Gewerkschaften und Arbeitgeberverbänden ausgehandelten Tariflöhne die Untergrenze der von den Betrieben effektiv gezahlten Geldlöhne; im strukturell schwachen Ostdeutschland wird aus der Obergrenze stillschweigend und mit gewerkschaftlicher Duldung eine Untergrenze; schließlich verdient man hier im Durchschnitt nur siebzig Prozent eines Westgehalts. Im Einzelfall sind die Differenzen bei vergleichbaren Entgelten noch sehr viel größer. Nicht trotz, sondern wegen des einheitlichen Arbeitsmarktes haben sich in den Effektiventgelten Knautschzonen zwischen west- und ostdeutscher Arbeit bis zu fünfzig Prozent gebildet.

Die Forderung nach betriebswirtschaftlicher Differenzierung und Individualisierung der Tarife wird also so weit wie möglich über den Markt erfüllt. Einer besonderen Einbindung der Gewerkschaften und ihres Schwurs, sich in Ostdeutschland besonders marktgerecht zu verhalten, bedarf es nicht. Auch würde man mit Eingriffen in die Autonomie und Angriffen auf die

Kompetenz der Gewerkschaften nur deren in den neuen Bundesländern ohnehin nicht allzu große Autorität – böses Erbe der DDR-Gewerkschaftsära – unnötig belasten. Es geht ja vielmehr darum, den Menschen in den neuen Bundesländern klarzumachen, daß Gewerkschaften in der Marktwirtschaft eine andere Rolle spielen als·im Staatssozialismus. War die DDR-Einheitsgewerkschaft eine Fortsetzung des NS-Ferien- und Vergnügungsunternehmens »Kraft durch Freude«, so haben westliche Gewerkschaften dafür zu sorgen, daß der Mensch am Arbeitsmarkt nicht wie Ware behandelt wird.

Entscheidend ist jedoch, daß ein zu starkes Geld- und Reallohngefälle zwischen Deutschland West und Ost der innerdeutschen Pendler- und Wanderungsbewegung falsche Signale setzt und die Modernisierung der ostdeutschen Wirtschaft eher erschwert als erleichtert. Ostdeutschland verlöre mit der massiven Abwanderung seiner qualifizierten Arbeitskräfte seinen wichtigsten Standortvorteil für Neu-Investitionen und Joint-ventures. Bei zu niedrigen Löhnen und einer nach wie vor niedrigeren Lebensqualität in Ostdeutschland würde der Zustrom dringend benötigten Human-Kapitals und Know-hows aus dem Westen – er fließt ohnehin spärlich genug – versiegen. Der Abstand zwischen Westdeutschland und Ostdeutschland, was Realeinkommen und Lebensverhältnisse betrifft, würde durch ein Niedrig-Lohngebiet Ostdeutschland nicht verringert, sondern eher größer werden.

Wenn die Gewerkschaften hier auf beschleunigte Angleichung dringen, dann mögen sie vordergründig an ihren Ruf, ihren Organisationszusammenhalt und an ihre Mitglieder – auch die noch zu werbenden – gedacht haben. Die volkswirtschaftlichen Argumente sprechen jedoch eher für als gegen die Gewerkschaften.

Die Frage ist allerdings, ob das, was makropolitisch gewollt ist, sich auch mikroökonomisch (betriebswirtschaftlich) rechnet. Können Ostdeutschlands schwache Betriebe am Weststandard orientierte Arbeitskosten überhaupt erwirtschaften? Beinhalten sie doch weitgehend eine Bezahlung auf Vorschuß und Kredit! Stellt nicht vielmehr der zu hohe Lohn im Einzelfall das entscheidende Investitionshemmnis dar?

Man muß – und das geschieht in der ganzen Debatte zu wenig – alte und neue Strukturen unterscheiden. Im Fall der alten Strukturen zwingt der zu hohe, über die Produktpreise nicht mehr zu verdienende Lohnkostensatz entweder zur Stillegung der Anlagen oder zur Umrüstung. Und genau das ist gewollt! Der hohe Lohn für eine überteuerte Arbeit wirkt im Sinne einer Rationalisierungspeitsche. Im Fall der neuen Strukturen legen zu hohe Löhne von vornherein jeden Investor auf eine höchst kapitalintensive, arbeitskräftesparende Technik fest: auf menschenleere Fabrikhallen, elektronisch gesteuerte Betriebsabläufe, Vor- und Endprodukte moderner Spitzentechnologie. Anderes lohnt sich nicht. Auf diese Weise programmieren hohe Löhne das Modernitätsprofil einer Wirtschaft, denn nur im Neuen liegen die Marktchancen der zu schaffenden ostdeutschen Industrie. Nur wenn sie in vielen Bereichen – von der Produktpalette bis zu den Verfahrenstechniken – moderner ist als die in Westdeutschland, kann und wird sie sich behaupten.

Mit anderen Worten: Die (relative) Hoch-Lohnpolitik der Gewerkschaften für den deutschen Osten ist oder wäre die andere Seite der von Staats wegen zu initiierenden und zu fördernden Innovationspolitik. Je stärker der Staat seine Förderaktivitäten auf das Entstehen leistungsstarker, kapitalintensiver und gut im Markt liegender Neufertigungen konzentriert, desto mehr läßt sich die in den neuen Bundesländern noch vorhandene intelligente Arbeitskraft nutzen und am Ort halten, denn die neuen Produktionen können sie nicht nur beschäftigen, sondern auch – verglichen mit Weststandard – anständig bezahlen. Zu einer modernen Industrie gehört eben auch ein hohes Lohnniveau. Bildete sich in früheren, wirtschaftspolitisch weniger aufgeklärten Zeiten ein hohes Lohnniveau infolge hohen Industriestandards, so zieht heute ein hohes Lohnniveau die »dazugehörigen« Industrien an – freilich nur mit staatlichem Rückenwind. Und nebenbei: Es ist dieser staatliche Rückenwind, der in den benachbarten Niedriglohn-Ländern, in Polen, in der Tschechei, in Ungarn und anderen Ländern, fehlt. Staatliche Struktur- und gewerkschaftliche Lohnpolitik gehen daher ineinander über. Sie sind es, die in Zielrichtung und Instrumentierung eine Einheit und einen »Pakt« bilden. Und falls das im Falle der deutschen Vereinigung die Gewerkschaften früher erkannt haben sollten – wenn auch aus einem anderem Interesse heraus – als Regierung und Unternehmerlager, so entwertet das die Argumente nicht.

Wenn schon ein Solidarpakt, dann dieser: Die Bundesregierung fördert in den neuen Bundesländern kapitalintensive Spitzentechnik mit hohem Exportgehalt, aber auch technisch aufwendige Verarbeitungsindustrien mit hohem Input an importierten Rohstoffen und Primärgütern aus dem früheren Ostblock. In jedem Fall fördert sie Investitionen, die ein hohes Maß an qualifizierter Bedienung erfordern und wo dementsprechend hohe Löhne gezahlt werden, und sie enthält sich aller Eingriffe in die gewerkschaftliche Tarifautonomie. Die Gewerkschaften honorieren diese Abstinenz, indem sie sich zu einer im Prinzip konjunktur- und beschäftigungsneutralen Tarifpolitik für ganz Deutschland bekennen mit maßvollen Lohnforderungen im Abschwung, gewinnorientierten im Aufschwung.

Soviel sollte jedem Unternehmer, Manager und Neu-Investor klar sein: Scheitert ein Betrieb am Markt, dann ist er durch Lohnkonzessionen in aller Regel nicht mehr zu retten – allenfalls bei einem Einbruch, der absehbar morgen vorbei ist, oder einem Auftragsloch, das sich schnell wieder schließen wird. Auch entwertet man den Gedanken des Investivlohns und der Vermögensbeteiligung der Arbeiter am eigenen Unternehmen, wenn man diese Modelle nur einführt, um Lohnzahlungen, die heute fällig sind, auf unbestimmte Zeit zu verschieben.

Besteht akute Konkursgefahr, dann ist es allemal rationaler, und zwar in volks- wie betriebswirtschaftlicher Hinsicht, das Unternehmen zu liquidieren und das verfügbare Restvermögen an Sach- und Human-Kapital für eine neue Nutzung freizumachen, gemäß Schumpeters berühmter Devise, daß nur »die Andersverwendung der verfügbaren Arbeitsmenge« die Weltwirtschaft verändert habe und nicht das Sparen an falscher Stelle. Schumpeters Fortschritt durch Wandel in der Arbeitswelt kann durch eine aktive Industrie- und Strukturpolitik, die die verfügbaren Arbeitspotentiale nutzt, sowohl gelenkt wie beschleunigt werden. Weil diese Politik dynamisch und kalkulierbar ist, ist sie jedem Warten darauf, ob Unternehmer und Investoren auf Lohnverzichte reagieren, vorzuziehen. Gar nicht darüber zu reden, daß sie die jeder Gesellschaft drohenden Sozialkonflikte gering hält. Deswegen ist zwischen Regierung und Sozialpartnern eben ein ganz anderer Solidarpakt abzuschließen als der in der Diskussion befindliche.

Sechster Punkt:
Neue Märkte

Die Weltwirtschaft eint sich nicht; sie zerfällt in Blöcke eines nicht nur reichtums-, sondern auch armutsbedingten Protektionismus.

In der westlichen Industriestaatenwelt schützt man Binnenmärkte gegen Billig-Importe aus der Dritten wie der Zweiten Welt der heutigen Reformstaaten. Man hält es mehr mit den Produzenten als den Konsumenten und verspielt die über billige Bananen aus Afrika oder preiswerte Gänse aus Polen möglichen Realeinkommensvorteile und Ersparnisse. In den armen Ländern der Dritten und der Zweiten Welt kann man sich begehrte Importe aus der Ersten Welt – von Investitionsgütern bis zu technischem Luxus – nicht mehr leisten. Defizite und Überschuldung haben die verfügbaren Währungs- und mittlerweile auch die noch bestehenden Kreditreserven aufgezehrt. Auch ohne die strengen und restriktiven Auflagen des IWF müßten diese Länder ihre Einkäufe im Westen drosseln, denn wer nicht zahlen kann, kann auch nicht mehr kaufen.

Der weltweite Gütermarkt ist daher weder frei noch global. Er hat sich längst zu einem Binnenmarkt der reichen Industrieländer verengt. Die Zahlungskapazität der übrigen zunehmend verelendenden Welt reicht gerade noch aus, ein paar Schulden abzustottern oder Kredite zu verlängern, aber nicht mehr, um den produktionsstarken Industriestaaten einen offenen und ergiebigen Käufermarkt zu bieten. Was man im Westen unter Integration versteht, verstärkt und beschleunigt diesen Trend. Ob EG oder NAFTA (Freihandelszone für Nordamerika) oder demnächst LAFTA oder AFTA (Freihandelszone für Lateinamerika und Asien) – hinter all diesen Projekten eines gemeinsamen Regional- und Binnenmarktes steht ein Mehr an gemeinsamem Außenprotektionismus. Wer nicht dazugehört, muß Zollschranken oder Abschöpfungsmauern überwinden; der Wirtschaftsausländer wird diskriminiert.

Fast keiner der Integrationsanhänger in Politik und Wirtschaft scheint zu sehen oder zu berechnen, daß noch so große Binnenmärkte mit 340 Millionen Europäern, 360 Millionen Nordamerikanern und demnächst ebenso vielen oder noch mehr Lateinamerikanern oder Ostasiaten kein Ersatz für weltweit freie und offene Export- und Importmärkte sind. Ein Binnenmarkt mit noch so viel Kaufkraft, aber starker Produktionsdichte und -kapazität ist früher oder später übersättigt. Gerade die technologisch führenden Industrieländer mit ihren hohen Fixkosten für Forschung, Entwicklung und Investitionen und der ständigen Bedrohung, daß ihre Technik veraltet, sind auf große Serien und offene Märkte angewiesen. Wenn sie ihre Abschreibungen verdienen wollen, kommen sie ohne das Exportventil nicht mehr aus. Aber gerade das wird durch den wechselseitigen Protektionismus verstopft, weshalb das Ausweichen auf verstärkte Binnenintegration keine Dauerlösung des Problems ist, sondern nur eine temporäre.

Die langfristigen Absatzmärkte der hochentwickelten Industrieländer liegen im Auf- und Nachholbedarf der noch unterentwickelten Armutsregionen und -staaten des Globus, im Süden und im Osten der westlichen Hemisphäre, in der Dritten Welt, in den Staaten des nicht mehr existierenden Kommunismus und in China, wo er noch immer existiert. Aber diese Staaten wie auch ihre Menschen können nicht genug kaufen, weil sie zu arm und nicht mehr ausreichend kreditwürdig sind.

Eine am Wohl der Welt- wie der eigenen Volkswirtschaft orientierte Politik der westlichen Industrieländer müßte daher zum Ziel haben:

– erstens die Aufgabe des Außenschutzes der gemeinsamen Binnenmärkte, denn es geht um Integration in die Weltwirtschaft und nicht gegen sie;

– zweitens die Konzentration der Entwicklungszusammenarbeit mit den Nicht- oder Noch-nicht-Industrieländern darauf, daß diese ihren Rückstand rasch aufholen, das heißt, sie zu Märkten für den eigenen Export hochwertiger Güter und Techniken auf- und auszubauen;

– drittens die Aufbietung finanzieller Hilfe bei der Überbrük-kung der Zwischenzeit, bis die angestrebte Situation erreicht ist.

Mit anderen Worten: Die westlichen Industrie-, Liefer- und Exportländer müssen sich so lange als Bankiers der Entwicklungswelt verstehen, wie diese auf Importüberschüsse angewiesen ist. Nur wenn Dritte und Zweite Welt ihre strukturellen Defizite aus gesicherter Kreditgewährung oder Eigenkapitalimporten (Direktinvestitionen, Beteiligungen) finanzieren können, werden die Exportüberschüsse der Ersten Welt – derselbe Prozeß von der anderen Seite her gesehen – sicher sein.

Es ist also alles andere als Caritas, wenn die Erste Welt der Zweiten und Dritten »hilft«. Es geht um den Erhalt der Weltwirtschaft, des größten und ergiebigsten aller gemeinsamen Märkte und des einzigen Binnenmarktes, der alle Nationen eint und miteinander verbindet. Und es geht um die Schaffung neuer Märkte, deren Zukunft weiter reicht als die der eigenen Märkte vor der Haustür.

Es ist daher die Frage, ob man diese Markt- und Rentabilitätssicherung der eigenen Produktionen und Investitionen mit der bisherigen Form von Integration und Entwicklungshilfe erreicht. Die bedeutenden Wirtschaftsminister der alten Bundesrepublik, allen voran Ludwig Erhard und Karl Schiller, haben stets der weltwirtschaftlichen Öffnung den Vorrang vor der EG-Binnenmarktorientierung eingeräumt. Sowohl die Closed-shop-Philosophie der EG wie Deutschlands Einbindung in dieselbe störte sie – zu Recht! Erhard verweigerte seine Zustimmung zu den Römischen Verträgen, bis sichergestellt war, daß die DM, von jeder Europa-Fessel befreit, weltweit konvertierbar gemacht werden konnte. Schiller stimmte der Europäischen Währungsunion à la Werner (EWU) erst zu, nachdem alle Währungsdirigismen (nach den Paragraphen 22 und 23 des Außenwirtschaftsgesetzes bezüglich Kapitalexportkontrollen und Devisenbannwirtschaft) eliminiert worden waren. Einer EWU à la Maastricht, die diese Restriktionen in ihrem Artikel 73 ausdrücklich wieder zuläßt, hätte Karl Schiller niemals zugestimmt.

Wenn es um die Schaffung neuer Märkte für Ostdeutschland im neu aufzubauenden Osteuropa geht, muß entweder die EG vorangehen und sich öffnen (dazu im nachfolgenden Punkt sieben noch mehr), oder Deutschland muß sich für diese Aufbau- und Entwicklungspolitik mit seinen östlichen und südöstlichen Nachbarn freie Hand schaffen, auch wenn gesagt wird, es handle sich um eine deutsche Sonderpolitik.

Nur: Den falschen Weg geht dann nicht ein Deutschland, das sich seinen Nachbarn öffnet und ihnen – und sich – hilft, sondern die EG, die sich abwendet, indem sie ihre Märkte schließt. Eine Politik der EG-offenen Grenzen würde viele Milliarden Dollar oder DM notwendiger Kredit- und Kapitalhilfe jetzt und noch auf lange Zeit ersparen. Denn gleichviel, ob Ost- oder Südstaaten: Wer sein Geld selber verdienen kann, braucht weder fremdes noch geliehenes oder geschenktes.

EG-Einsicht und -Öffnung her oder hin: Es ist für Deutschland mit seinem produktionsentleerten Osten notwendig, ja lebenswichtig, neue Märkte und Abnehmer sowohl im Osten des alten Kontinents wie in den südlichen Entwicklungsländern dazuzugewinnen. Ohne diese Märkte können die neuen Produktionszentren in den neuen Bundesländern weder entstehen noch bestehen. Deutschland ist gezwungen, nicht nur Geld in seine Neuanlagen im Ostteil des eigenen Landes zu investieren, sondern auch in deren Abnehmer und Kunden. Deswegen muß die Entwicklungshilfe bisherigen Typs zwar nicht unbedingt aufgestockt, aber von Grund auf neu konzipiert werden. Das bisherige Neben- und Gegeneinander von kommerzieller und offizieller Finanzierung – erstere bankmäßig und zu Marktkonditionen, letztere staatlich-subventioniert – muß einer Einheitsfinanzierung weichen, bei der Banken und Staat zusammenwirken.

Die Banken mobilisieren wie bisher das Geldkapital, der Staat aber verzichtet auf seine Rolle eines mit den Banken konkurrierenden Hilfsbankiers, indem er über seine Hausbanken (KfW und Deutsche Entwicklungsgesellschaft, DEG) eigene, von ihm refinanzierte und heruntersubventionierte Finanzierungszusagen macht, das heißt Entwicklungsdarlehen vergibt und Beteiligungen übernimmt. Er verwendet sein Kapitalhilfepotential (rund 8 Milliarden DM jährlich) nur noch intern – zur Abdeckung von Risiken, zum Ausgleich von Zins- und Ertragsschwankungen und zur Sicherung langfristiger Anschlußzusagen. Also: Die staatseigenen Investment- und Entwicklungsbanken KfW und DEG werden unter Verzicht auf ihr bisheriges Aktivgeschäft zu Refinanzierungsbanken der investierenden und kreditierenden Wirtschaft (Investoren, Banken) umgebaut.

Dieser Umbau ist nicht nur aus ordnungspolitischen Gründen geboten, denn ein Kreditwettbewerb zwischen Markt und Staat ist immer unecht, weil Staatsgeld billiger beschafft werden kann als Marktgeld; er macht das Verfahren überhaupt erst marktwirtschaftlich effizient und sauber, denn ein Großteil staatlicher Entwicklungshilfe war ja bisher nichts weiter als eine verkappte Export- und Auslandsinvestitionsfinanzierung zu Dumping-Zinsen und -Refinanzierungskosten.

Bei KfW wie DEG werden Fonds eingerichtet, aus denen Direktinvestitionen und Beteiligungen deutscher Firmen oder aus-

ländischer Unternehmen mit deutscher Tochter in den Reformländern wie in den Staaten der Dritten Welt sowohl garantiert
wie refinanziert oder partiarisch (teilweise und auf Frist) übernommen werden können. Die Fonds bieten dem Investor Sicherheit (Schutz vor Enteignung, Firmenblockade und Währungs-
schäden im Niederlassungsland), eine langfristige Refinanzie-
rung zu einem Festzinssatz oder – teilweise – die Partnerschaft
als stiller (Mit-)Gesellschafter – eine Aufgabenteilung, die sich
zwischen KfW und DEG leicht vornehmen läßt.

Gefördert werden lediglich solche Vorhaben (Direktinvestitionen, Joint-ventures, Niederlassungen), die zu einer festen Ge-
schäftsverbindung mit deutschen Partnern führen, genauer: mit
Produktions- und Dienstleistungsunternehmen mit Geschäftssitz
oder Beschäftigungsschwerpunkt in den neuen Bundesländern.
Dabei kann und sollte auf eine förmliche Lieferbindung oder
Buy-in-East-Germany-Klausel verzichtet werden, nicht nur aus
rechtlichen, EG- oder handelspolitischen Erwägungen, sondern
weil dies überflüssig ist. Die genannten Sponsor-Institute prüfen
die ihnen zur Garantierung beziehungsweise Finanzierung vorgelegten Projekte ohnehin auf ihren Geschäftsgehalt. Erweist er
sich als nicht förderungswürdig, kommt auf dieser Schiene eben
nichts zustande.

Was erreicht werden soll, liegt auf der Hand: Durch Intensi-
vierung des Kapital- und Know-how-Austauschs zwischen
Deutschland, seinen Nachbarn in Osteuropa und seinen Partnern
in der Dritten Welt soll das Marktgeflecht zwischen den neuen
Produktions- und Dienstleistungszentren im deutschen Osten
und ihren potentiellen Kunden, Partnern, Abnehmern, Zuliefe-
rern sowohl geknüpft als auch verstärkt werden. Die Gefahr, daß
der damit verbundene Kapitalaufwand den deutschen Kapitalmarkt und die öffentlichen Finanzen – Schwerpunkt Bundeshaushalt – überfordert, ist solange gebannt, wie man sich in den
ohnehin eingeplanten und bescheidenen Ansätzen bisheriger
Entwicklungshilfe hält. Nur kann man mit diesem Geld eben
mehr erreichen und fördern, wenn man es, statt es in kontrapro-

duktiver Kreditkonkurrenz zu verschleudern, zur sachgerechten Förderung privater Kapital- und Investitionsexporte einsetzt (siehe oben).

Aus der Entwicklungshilfe muß eine Hilfe zur Marktwirtschaft werden, keine Konkurrenzeinrichtung und -veranstaltung. Baut man sie so um, dann transportiert sie nicht nur deutsches Geld und Unternehmertum dahin, wo es fehlt, sie trägt auch aktiv zum Ausbau marktwirtschaftlicher Strukturen in den Reform- wie in den Entwicklungsländern bei, was langfristig bedeutsamer ist. Wenn dann im Feedback Aufträge nach Deutschland Ost zurückfließen, ist das nicht einfach Lohn für gute Taten, sondern Bestätigung des Grundsatzes, daß »Hilfe zur Selbsthilfe« auch einem selber hilft – freilich nur, wenn man es richtig angefangen hat.

Siebter Punkt:
Die Öffnung der EG

Der Luxusliner Westeuropa – Schiffseigner ist die EG – hat längst Kurs auf einen Eisberg genommen, wie weiland die »Titanic«. Die meisten Passagiere ahnen es beklommen, aber der Kapitän und seine Steuerleute tun so, als merkten sie nichts. Obwohl sie vom Kurs abgekommen sind, beschleunigen sie die Fahrt.

Was vierzig Nachkriegsjahre lang richtig und ohne jede Alternative war – nämlich Westeuropa vor dem kommunistischen Zugriff zu sichern, es militärisch wie ökonomisch aufzurüsten und unangreifbar zu machen –, das ist nach dem Zusammenbruch des Gegners nicht mehr aktuell und somit kein vernünftiges Ziel.

In der nicht mehr bipolaren Welt-(Wirtschaft) von heute geht es nicht mehr darum, die eigene Hemisphäre und ihre Märkte vor der anderen zu schützen und abzugrenzen. Das zerfallene Imperium im Osten Europas setzt mehr neue und zerstörerische Energien und Potentiale frei als die alte Ordnung, die immerhin den Vorzug hatte, einigermaßen berechenbar zu sein und zu bleiben.

Statt des einen heißen Drahtes nach Moskau müßten Dutzende installiert werden – nur weiß niemand genau, wo, und erst recht niemand, wer dann am anderen Ende der Leitung den Hörer des roten Telefons demnächst abnehmen wird.

In dieser Situation ist es weder sinnvoll, sich einzig und allein mit sich selbst zu beschäftigen, noch empfiehlt es sich, tatenlos zuzusehen, wie die von kommunistischer Herrschaft befreiten Nachbarn im Chaos, in drohendem oder bereits offenem Hunger- und Bürgerkrieg versinken. Ihnen nicht zu helfen, heißt früher oder später auch die eigene Stabilität und Prosperität zu gefährden. Der Szenarien dafür gibt es viele. Gleichviel, ob nur Flüchtlinge kommen oder demnächst Soldaten, ob man selber eingreift, um Frieden zu stiften, oder angegriffen wird, weil sich bei uns alles, was drüben fehlt, erbeuten läßt: Wenn es den Westeuropäern nicht gelingt, die verworrene Lage und das Elend der Menschen in den Diadochenreichen des untergegangenen Kommunismus zu beseitigen und zum Besseren zu wenden, sind die Tage der glücklichen, nur mit dem eigenen Wohlstand beschäftigten EG gezählt.

Dafür gibt es mehrere Gründe:

– Erstens ist das Konzept eines nur westeuropäischen Binnenmarktes zu eng ausgelegt und von erkennbaren Marktüberschuß- und Marktsättigungsgrenzen bedroht. Man sieht immer nur die 340 Millionen Konsumenten und weder die überbesetzten Angebotspotentiale in Industrie und Landwirtschaft noch die Grenzen, die einer Politik der permanenten Absatzstützung und -subventionierung gezogen sind. Ein weltwirtschaftsoffener und nach außen expandierender Binnenmarkt hätte diese Probleme erst gar nicht entstehen lassen.

– Zweitens machen die vor den Toren der EG drohenden Gefahren eines Dritten Weltkriegs diese weder als Investitionsstandort noch als Ankerplatz für eigenes oder fremdes Kapital sicherer. Ob es die Westeuropäer und ihre Eurokraten gerne hören oder nicht: Weder ihr EWS noch die geplante Währungsunion von Maastricht bieten die Gewähr, voll und ausreichend am internationalen Kapitalstrom und -geschäft beteiligt zu werden. Kapitalanlage und Frontnähe, das verträgt sich nicht. Amerika, zumal das nördliche, hat es da wieder einmal besser.

– Drittens wächst mit den steigenden Kosten der Binnenintegration – sie reichen von Produktionssubventionen über die Transferhilfen für die Maastricht-geschädigten Mitgliedsländer (Kohäsionsfonds) bis hin zum eskalierenden Aufwand für den Außenschutz (Protektionismen aller Art) – die Gefahr, daß sich das ganze Unternehmen für immer mehr Mitglieder nicht mehr lohnt. Die Starken – wie Deutschland – rechnen sich aus, daß ihre Marktgewinne in der EG ihre Marktverluste draußen, das heißt in den anderen Markt- und Freihandelsblöcken sowie der noch freien Weltwirtschaft, nicht mehr ausgleichen. Die Schwachen – wie die Armutsländer der EG-Peripherie – entdecken zunehmend, daß sie der Konkurrenzdruck der EG-Freunde und -Partner mehr Einkommen und Arbeitsplätze kostet, als er an Kapitalzufluß einbringt.

Der wachsende Binnendruck in der EG, der bereits heute spürbar ist, läßt der Gemeinschaft bald nur noch einen Ausweg: Sie muß sich öffnen und erweitern, statt unter dem Vorwand der Binnenintegration ihre Märkte für die Welt und insbesondere ihre Nachbarn vor der östlichen und südöstlichen Haustür zu verschließen. Ganz zu schweigen davon, daß eine europäische Binnen- und Einheitswährung, wie die in Maastricht projektierte, die Einigung Westeuropas eher sprengt als vorantreibt (die Entwicklung wird ähnlich verlaufen wie nach der Währungsunion in Deutschland), denn – wir sagten es schon – das Produktivitäts- und Strukturgefälle in der EG – zwischen Deutschland West, Portugal, Griechenland, Irland oder Süditalien – ist kein bißchen geringer oder weniger problematisch als das zwischen einstiger BRD und DDR.

Die Geschichte der großen Reiche und Handelsimperien hält stets dieselbe Erkenntnis und Lehre bereit: Kein Wall war hoch genug, kein Graben hinreichend breit und tief, um Schutz vor der Außenwelt zu gewährleisten. Wenn der äußere Feind die Hindernisse überwand, dann stets, weil sie der innere bereits weitgehend unterminiert hatte. Chinas große Mauer wurde durchlässig, als der Kaiser nicht mehr genug Geld für seine Soldaten hatte; der römische Limes verfiel, als die Legionäre ihren Lebensunterhalt in einem Zweitberuf verdienen mußten, als Händler, Handwerker, Bauern. Keine Seeblockade überdauerte allzu lange das Geschäft, das man mit Seeschiffen und -handel machen konnte, eine Erfahrung, die Athen, eine Stadt ohne Mauern, genauso machte wie Jahrhunderte später die Hanse, Venedig, die Niederlande und – fast vor unseren Augen – England.

Der EG wird es nicht anders ergehen. Wird ihr Außenschutz zu teuer, wird sie sich von innen her zersetzen. Der Anfang ist bereits gemacht: Die Kampfansage an das GATT und das darin verankerte Prinzip der weltweiten Gleichberechtigung aller Welthandelsländer und ihrer Akteure, der Vertrag von Maastricht und die darin angelegte Schaffung eines »Europa der zwei Geschwindigkeiten« lassen die ersten Risse und Zerwürfnisse schon heute erkennen.

Eine EG, die ihre Hauptaufgabe darin sieht, das zu groß gewordene Deutschland einzubinden, statt sich der Welt und dem übrigen Europa zu öffnen, mag zwar aus der engen Sicht des einen oder anderen Partners im selben (westlichen) Boot attraktiv erscheinen. Als sicherer Hafen für das von der größten Katastrophe in seiner überlieferten Geschichte bedrohte Ost- und Südosteuropa, als Ordnungfaktor für die Welt-(Wirtschaft) hätte sich eine solche EG diskreditiert und innerhalb kürzester Zeit überlebt – trotz 95prozentiger Zustimmung im Deutschen Bundestag von 1992.

Worin auch immer die Gründe für die wachsende EG-Verdrossenheit der Bevölkerung in den Mitgliedsstaaten, das abflauende Interesse der Bevölkerung in den Beitritts- und Zutrittskandidatenländern, das die Referenden signalisieren, liegen mögen – sie stellen ein ernstes Menetekel dar. Europa steht nicht

173

mehr für den Aufbruch in eine neue, bessere, von nationalen Vorurteilen und Konflikten freie Welt, sondern für dumpfen Wohlstandsegoismus. Aber gerade das ist der Humus, in dem die alten Vorurteile und Konflikte neue Nahrung finden. Westeuropa, dem seinerzeit der Marshall-Plan der USA auf die Beine half, muß nun, da es selber fest auf beiden Beinen steht, dem im Chaos versinkenden Rest-Kontinent auf die Beine helfen, damit dieser wieder Tritt faßt.

Wie könnte das aussehen? So wie der Marshall-Plan Hilfe mit Auflagen verband und von deren Erfüllung abhängig machte, geht es jetzt darum, nicht nur Winterhilfen für die Bevölkerung und Überlebenshilfen für Reformregierungen zu organisieren und zu finanzieren. Gefragt ist ein Konzept, bei dem nicht nur gezahlt und punktuell gefördert wird – einen Reaktor hier, ein Krankenhaus dort –, sondern eines, mit dem Märkte geschaffen und mit den unseren vernetzt werden.

Ein solches Konzept kann weder Deutschland allein entwickeln noch sonst ein Land der alten EG. Allein die EG als Einheit könnte und sollte es. Dabei darf nicht der Hauch eines Verdachtes aufkommen, Deutschland wolle die neuen Märkte vor seiner Haustür als Beute für sich reklamieren. Aber die deutsche Erfahrung seit 1990 mit »seinem« Beitrittsgebiet, der ehemaligen DDR, ist die einzige Erfahrung, die bisher gemacht wurde. Sie ist eine wichtige Grundlage bei der Entwicklung neuer Konzepte für die Zukunft. Dabei geht es um dreierlei: Erstens um den in den neuen Bundesländern erprobten Verfassungsimport, denn keine Marktwirtschaft gedeiht ohne das Ineinandergreifen von verläßlichem Recht, stabilem Geld und genau definierten staatlichen Aufgaben und Beschränkungen (ein effizientes Steuersystem, das weder die Inflation begünstigt noch die private Initiative beeinträchtigt, eingeschlossen). Es geht sodann zweitens um die sofortige Ingangsetzung der für alle ehemaligen COMECON-Länder, aber vor allem für die GUS-Staaten grundlegenden Reformen in der Landwirtschaft und im Geld- und Kreditwesen. Beides ist so prioritär wie komplementär – denn bekommen die

Bauern kein stabiles und kaufkräftiges Geld für ihre harte Arbeit, werden sie auch keine Überschüsse erwirtschaften. Fehlt es an ausreichendem Güterangebot, läßt sich keine Währung stabilisieren: weder der Rubel noch seine Nachfolger.

Ein Teil der Reformen ist in den »westlichen« Ländern des früheren COMECON bereits eingeleitet: Es gibt dort – nämlich in Polen, Ungarn, der Tschechei und anderswo – sowohl private Bauernhöfe und Verkaufsgenossenschaften mit Selbstvermarktung wie private Banken mit geschultem Management und gesichertem Rückhalt in einem zwar noch schwachen, doch leidlich funktionierenden Geldmarkt und bei der Zentralbank. In den GUS-Staaten ist das meiste erst noch zu schaffen: Aus Kolchosen sind Kooperationsgenossenschaften zu machen mit individueller Bewirtschaftung, aber – zunächst noch – kollektivem Maschinenpark und gemeinschaftlicher Vermarktung. Doch das Eigentum an Grund und Boden sowie den anderen Produktionsmitteln muß grundsätzlich dem Bauern gehören, der beides nutzt. Und es sind über das ganze Land verteilte und vernetzte Bankensysteme zu errichten, in denen Natural- in Geldersparnisse und diese wiederum in einheimische Investitionskredite transformiert werden können.

Wie in der Dritten Welt ist auch hier das Institutionen-Defizit am Geld- und Kreditmarkt einer der Hauptgründe für den Import von Auslandskrediten, die man sich bei besserer Binnenorganisation des Geld- und Kreditwesens hätte sparen können mitsamt der damit verbundenen Auslandsverschuldung.

Der dritte und für die Marshall-Plan-Hilfe der EG konkreteste Punkt ist die Erarbeitung von Kooperationsschwerpunkten auf der Grundlage vorhandener und verwertbarer Ressourcen. Osteuropa – reich an Ressourcen der verschiedensten Art (eine Liste, die von Energie- bis zu Edelmetallvorkommen und -rohstoffen der seltensten Art reicht) – kann diese nur mit Hilfe westeuropäischen (oder japanisch-US-amerikanischen) Kapitals und Know-hows erschließen und vermarkten. Die neuen Projekte (sie können zum Teil aus alten, unmodernen und unrentablen entwickelt werden) begründen sowohl Ausrüstungsexporte von West- nach Osteuropa wie – nach Inbetriebnahme der Produktionsanlagen – Lieferexporte von Ost- nach Westeuropa und stellen somit den Idealfall einer Hilfe dar, die beiden Seiten zugute kommt. Die Geber gewinnen Aufträge, die Nehmer erhalten die Chance zur Abtragung ihrer Schulden durch Exporte, und zusätzliche Arbeitsplätze entstehen hier wie dort dank zunehmender Verflechtung der Außenhandelsmärkte, die einer späteren – förmlichen – Integration den Weg weist.

Geht es bei Punkt eins und zwei im wesentlichen um Beratungshilfen, stellt sich bei den Kooperationsschwerpunkten vor allem das Problem der wirtschaftlichen und kommerziellen Partnerschaft. Die EG ist wie kaum eine andere europäische Institution mit den dafür erforderlichen Instrumenten ausgestattet: Sie verfügt in Gestalt der Europäischen Investitionsbank (EIB) in Luxemburg sowie der neugegründeten Europäischen Bank für Wiederaufbau und Entwicklung (EBWE) in London gleich über zwei potente Hausbanken, die solche Kooperationsprojekte sowohl finanzieren wie mit Garantien erleichtern können. Auch Beteiligungen an solchen Kern- und Schlüsselvorhaben wären möglich.

Für Deutschland aber geht es bei einem solchen Gesamtprogramm der EG darum, die ostdeutschen Potentiale und Kontakte aus der alten COMECON-Ära als Brückenköpfe sowohl zu nutzen wie zu erneuern und auszubauen, aber auch darum, neue Kontakte herzustellen. Wie schon gesagt: Man braucht keine ängstliche Buy-in-East-Germany-Klausel, um den Beitrag der Aufbauindustrien aus den neuen Bundesländern sicherzustellen. Dieser ergibt sich folgerichtig aus den Projekten, die man fördert und an denen man sich beteiligt.

Der EG-Industriepolitik im Westen Europas ist eine im Osten des geschundenen Kontinents an die Seite zu stellen. Wird man in der EG und unter den führenden Europapolitikern ihrer Mitgliedsstaaten rechtzeitig begreifen, daß die EG nur eine Zukunft hat – nämlich die im Osten – oder keine?

Deshalb geht es nicht darum, die EG à la Maastricht zu vertiefen und den Außenschutz ihrer Märkte durch den monetären Protektionismus zu »krönen«. Die EG muß nicht noch stärker abgeschlossen, sondern erweitert werden. Ihre Industrie- und Kooperationspolitik Ost wäre mehr als eine Geste: Sie wäre ein Neuanfang, ein Kurs vorbei an jenem Eisberg, der schon in Sicht ist.

Nach drei verlorenen Jahren – was tun?

Das Gesagte verdichtet sich zu einem wirtschafts- und währungspolitischen Aktionsprogramm. Es könnte, oder besser: es müßte schon morgen gestartet werden, denn die Zeit drängt. Wenn sich die nachstehenden Bemerkungen wie ein Kontrastprogramm zur offiziellen Politik von Bundesregierung und Bundesbank, zur Einstellung maßgeblicher Repräsentanten der Bankwelt, der Wirtschaftsverbände und auch der Wissenschaft lesen, verdeutlicht das nur, wie weit sich in dieser Schicksalsfrage der Nation Politik, Wirtschaft und Expertenwissen auseinandergelebt haben. Es nützt niemandem, wenn sich alle wechselseitig vorwerfen, einander im Stich gelassen zu haben: die Politik der Wirtschaft, die Wirtschaft der Politik und beide Seiten gemeinsam den Fachleuten, indem sie sagen, daß diese stets nur reine Lehren verkündeten, Diagnosen stellten und Rezepte ausschrieben, die zwar *post mortem*, aber niemals *pro vivo* gelten würden.

Daß das ostdeutsche Kind im Brunnen liegt, sieht inzwischen jeder. Deswegen interessiert es auch nur noch bedingt, nämlich im Hinblick auf künftige Verbesserungen, wie und warum es hineingefallen ist. Die Frage ist vielmehr, wie man es wieder herausbekommt, und die Antwort darauf ist denkbar einfach: Indem man aufhört, die soziale Marktwirtschaft als einen Automaten zu betrachten, der auf bloßen Geldeinwurf hin tätig wird. Denn unser Wirtschaftssystem bedient nur denjenigen zu seiner Zufriedenheit, der die Regeln genau kennt und befolgt.

Die Bundesregierung hat nun, im Bilde gesprochen, weiß

179

Gott genügend Geld für die Sanierung des deutschen Ostens eingeworfen. Aber sie hat die Grundregel der Marktwirtschaft vergessen, daß Unternehmer nicht investieren, um ein paar lukrative Subventionen mitzunehmen; sie investieren einzig und allein dann, wenn Erträge die Kosten ihres Wagnisses abdecken und überdies noch einen Gewinn enthalten. Und genau daran fehlt es.

Solange es also keine sicheren und zukunftsträchtigen Märkte gibt, wird es in den neuen Bundesländern mehr Arbeitskräfte als -plätze geben, wird mehr Ware importiert werden, als man dort selber produziert.

Die Opposition zieht aus dem Fiasko der Bundesregierung den abwegigsten aller Schlüsse: Versagt der Markt, muß eben der Staat in die Bresche springen. So fordert man allen Ernstes eine Neuauflage der alten DDR-Wirtschaft mit Staatsholdings und öffentlich alimentierten Zuschußindustrien, gleichsam industriell verkleidete Arbeitserhaltungs- und Beschäftigungsprogramme – ganz so, als ob es niemals die Überbeschäftigung und den Konkurs der alten DDR und die Milliardenverluste der diesen Kurs fortsetzenden Treuhand gegeben habe beziehungsweise noch immer gibt. Nein: Es geht nicht um den Ersatz der Marktwirtschaft durch eine Staatswirtschaft, die sich durch ihre Ineffizienz längst selbst widerlegt hat. Es geht »nur« darum, die Regeln der Marktwirtschaft nicht einfach zu ignorieren, sie nicht außer Kraft zu setzen. Sie wollen lediglich befolgt und richtig interpretiert werden.

Dazu gehört erstens, daß die gesamtwirtschaftlichen Daten und Perspektiven wieder stimmen. Westdeutschlands Rezession – und darin sind sich wohl noch alle einig – muß auf schnellstem Wege nachhaltig überwunden werden. Denn wird im Westen zu wenig verdient und investiert, fällt für den Osten nicht nur das Potential für Finanztransfers und Kapitalinvestitionen weg – die Investitionsmotive sind für beide Teile Deutschlands dieselben, ergo auch die für die gegenwärtige Investitionsenthaltung.

Doch schon an der Frage, wie denn diese Rezession zu

bekämpfen sei, scheiden sich die Geister. Die Bundesregierung setzt auf »ihren« Solidarpakt, die Opposition auf einen anderen. Nach dem einen sollen auch die kleinen Leute ihr Deutschlandopfer bringen; denn Steuererhöhungen, so meint die Regierung, paßten derzeit nicht in die konjunkturelle Landschaft. Dagegen will die Opposition dieses Opfer bei den Reichen und der bislang gut verdienenden Wirtschaft eintreiben. Aber die Frage ist, ob sich ein Aufschwung – diesmal in West- wie Ostdeutschland – überhaupt aus solchen Sparakten initiieren und finanzieren läßt.

Der Streit ums Teilen und Verteilen würde sich ganz wesentlich entschärfen, wenn man statt aufs Einkommen des anderen auf die Funktionsabläufe und Gesetze der Marktwirtschaft achten würde. Denn Zweierlei muß mitnichten sein: Der Staat muß sich nicht bis zur Halskrause verschulden (es müssen ja nicht die Bürger sparen, sondern er selber), und ebensowenig muß die Bundesbank die den Geldwert bedrohende Inflationsrate auf die Weise bekämpfen, in der sie es noch immer tut, nämlich mit knappem Geld und hohen Kreditzinsen. Sie könnte es durchaus auch anders tun, wie weiland Ludwig Erhard und Karl Schiller gezeigt haben, nämlich mit der Aufwertung der DM im Rahmen des EWS.

Also: Die Staatshaushalte von Bund, Ländern und Gemeinden im deutschen Westen gehören entschlackt. Würden die Ausgaben für Subventionen oder für jenen derzeit überflüssigen Infrastrukturluxus, der von Schwimmbädern, Museen, Theaterzuschüssen, Verkehrsbegrünung und landwirtschaftlichem Wegebau bis zu Städtepartnerschaften reicht, rigoros beschnitten, so eröffneten sich Milliardenfreiräume für die Finanzierung des notwendigen Transfers in Richtung Ostdeutschland, ohne daß die Kapitalmärkte wie bisher belastet, die Zinsen durch öffentliche Mittelaufnahme hochgetrieben oder hochgehalten würden. Die Staatsverschuldung muß so oder so begrenzt werden: Sie gefährdet das deutsche Kreditstanding im Ausland; sie macht – spätestens, wenn Mitte der neunziger Jahre die ostdeutschen Schattenhaushalte in den Bundeshaushalt integriert werden müs-

sen – die deutsche Teilnahme an der Maastrichter Währungsunion fraglich und sie blockiert die Budgetgestaltung künftiger
Jahrzehnte, weil die Zinskostenbelastung der laufenden Einnahmen allein beim Bund bis zum Ende des Jahrtausends mehr be-
anspruchen dürften, als schon heute für staatlich Investitionen
ausgegeben werden kann.

Die Bundesbank kann, wir sahen es schon, die DM auch
wechselkurspolitisch sichern. Es wäre bereits vor dem Beginn
der gegenwärtigen Rezession angezeigt gewesen, den Partnern
im EWS und in der Weltwirtschaft weder Zins- noch Wechsel-
kursschocker zuzumuten. Eine rechtzeitige DM-Aufwertung
hätte den Weg zu Zinssenkungen freigemacht, hätte die deutsche
Weltkonjunktur beruhigt und das EWS stabil erhalten. Dadurch
wären unsere Exportmärkte weit weniger gefährdet worden als
durch Währungsunruhe, Spekulation und milliardenschwere Interventionen an den Devisenmärkten. Weder Bonn noch Frankfurt haben sich 1992 als weltwirtschaftlich überzeugende Partner
oder als Musterknaben europäischer Währungskooperation be-
nommen; aber was immer sie 1992 falsch gemacht haben: Sie
können es ab 1993 besser machen. Denn ohne stabile Weltwirtschaft gibt es auch keine sichere Konjunkturentwicklung in
Deutschland.

Zweitens geht es darum, den Investitionsstandort Ostdeutschland marktwirtschaftlich attraktiv, und das heißt: rentabel zu machen. Dies aber verlangt neue Märkte und läßt sich
nicht über noch so viele aufwendige Subventionen erreichen.
Die Märkte, die die neuen Bundesländer für den Aufbau ihrer
neuen Produktionszentren und Arbeitsplätze brauchen, lassen
sich allenfalls marginal im eigenen Land oder im europäischen
Binnenmarkt finden, und deswegen greift der Auf-, Aus- und
Umbau der Wirtschaft im deutschen Osten über die Grenzen aller Binnenmärkte hinaus, des deutschen wie des westeuropäischen. Denn die wirtschaftliche Regeneration Ostdeutschlands
ist zwar ein deutscher Kraftakt, doch einer mit globaler Di-
mension, so daß es entscheidend darum geht, nicht nur in den

neuen Bundesländern zu investieren, sondern zugleich auch in ihren Märkten von heute und morgen: in Osteuropa und in der Dritten Welt.

Dorthin also muß man die Grenzen öffnen, jedoch nicht nur von Deutschland aus, sondern von der gesamten EG. Darüber hinaus muß eine auf Leistung und Gegenleistung gerichtete Entwicklungsarbeit und -finanzierung Partner zusammenbringen, muß Märkte für beide Seiten schaffen: für die, die heute noch liefern, und für die, die morgen Geschäfte mit Gegengeschäften bezahlen werden. Denn Hilfe ist nur dann produktiv, wenn sie den Handel von morgen vorfinanziert und auf diese Weise der realen Integration den Weg weist, ein Ziel, das zwar auch die Entwicklungshilfe alten Stils gewollt, das sie indessen nie erreicht hat.

Deutschlands Binnenmarkt hat zwar durch die Vereinigung an Umfang gewonnen, seine Abhängigkeit von Weltmarkt und Weltkonjunktur hat jedoch dramatisch zugenommen. Denn Ostdeutschlands neue Produktionen, von der Landwirtschaft bis zum High-Tech, haben ausschließlich dann eine sichere Rentabilitäts- und Entwicklungschance, wenn sie sich international vermarkten lassen, und zwar vorzugsweise dort, wo sie schon bisher einen Namen hatten – in Osteuropa und in jenen Entwicklungsländern, die mit der alten DDR verbunden waren.

Für Deutschlands Bindung an Westeuropa heißt das: Das Land darf weder in der EG auf- noch mitsamt seiner DM in ihr untergehen. Vielmehr muß Deutschland alles daransetzen, die EG aus ihrem Binnenprotektionismus zu lösen und auf einen weltmarktoffenen Kurs zu führen. Denn nur eine EG, die sich als globales Subsystem, als eine auch für Nicht-Mitglieder offene Wohlstandsmaschine begreift, wird überdauern. Als Insel der Seligen in einem Ozean anbrandender Armut hat sie dagegen keine Zukunft mehr. Es ist Ostdeutschland, das über Westdeutschland dem alten Europa die neue Richtung weist.

Drittens geht es darum, die neuen Investitionschancen und ihre Standorte im deutschen Osten durch Flankenschutz von innen abzusichern, das heißt durch Verbilligung der externen Kosten (Schaffung einer günstigen Infrastruktur) und durch Bereitstellung von attraktivem und wagnisbereitem Risiko- und Eigenkapital.

Denn eine aktive staatliche Infrastrukturpolitik in den neuen Bundesländern ist nicht nur dringend notwendig, sie stellt zugleich auch ein in sich gerechtfertigtes staatliches Arbeitsbeschaffungsprogramm dar, da die so finanzierten Projekte produktiv und dynamisch in die Zukunft weisen werden, indem sie weitere Investitionen nach sich ziehen. Eine derartige, auf marktwirtschaftliche Folgeinvestitionen zielende »Staatswirtschaft« ist nicht nur jeder Stützung alter, abgewirtschafteter Industriekerne vorzuziehen, sondern auch dem Weiterwursteln in staatlich geförderten ABM- und ABS-Sanierungsgesellschaften.

Wer ein solches Investitions- und Beschäftigungsprogramm für eine Sünde wider den Geist der Marktwirtschaft hält, dem kann nur mit Otto Schlecht, Ludwig Erhards unbestechlichem Testamentsvollstrecker, entgegnet werden: »Wer eine solche strukturelle Verstärkung der Investitionsförderung ›Industriepolitik‹ nennen will, kann dies gut und gerne tun; sie ist marktkonform. Verfehlt sind aber staatliche Industrieholdings und Vorgaben nach Branchen und Regionen zur Erhaltung dauerhaft unrentabler Unternehmen und Arbeitsplätze. Das liefe auf ein Mezzogiorno-Syndrom hinaus, wäre ein fiskalisches Faß ohne Boden, entzöge Mittel bei der Förderung einer nachhaltigen Investitionsdynamik und böte den Bürgern keine erfolgversprechende Perspektive.« Der Unterschied zwischen marktwirtschaftlicher Investitionsförderung und marktwidriger, ja marktverfälschender Investitionssubventionierung ist damit deutlich genug beim Namen genannt.

Neben dem Staat müssen indessen auch die Banken ihren Part bei der investitorischen Aufforstung spielen. Es fehlt in den neuen Bundesländern an einer breiten Gründerwelle, und dies nicht zuletzt wegen des fehlenden Eigenkapitals, durch welches das unternehmerische Risiko mitgetragen oder doch abgefedert würde. Zwar hat man über die staatlichen Kredit- und Investitionsbanken jede Menge billigen Kredits (also Fremdkapital mit fester Zinsbelastung und Amortisationsverpflichtung) bereitgestellt, aber eben kein Eigen- und Risikokapital, frei von Zinsen und mit gewinnabhängiger Ertragsbeteiligung.

Solches Kapital zusätzlich zu schaffen und steuerlich zu begünstigen, ist allerdings primär eine Staatsaufgabe, doch benötigt man Banken – und zwar alle und nicht nur einige staatliche Spezialinstitute –, um diese Mittel sachgerecht zu verwalten und an den richtigen Wirt zu bringen. Eine der alten Berlin-Förderung nachgebildete Eigenkapitalersatzfinanzierung ist daher für die erste Entwicklungsdekade in Deutschland Ost unentbehrlich.

Vorschläge wie diese dienen nicht nur der Förderung des Sparens in Eigenkapital und investitorischer Mitbeteiligung des ostdeutschen Bürgers an seinen neu entstehenden Arbeitsplätzen. Sie sind zugleich Instrumente, mit denen die west- und ostdeutschen Banken, stärker als bislang geschehen, in den Wiederaufbau- und den Umbauprozeß im östlichen Deutschland eingebunden werden, getreu ihrer historischen und volkswirtschaftlichen Funktion als »Ephoren« (J. A. Schumpeter) der Marktwirtschaft. Schließlich ist niemand anderes als die Banken dafür verantwortlich, daß die wertvollen Finanzressourcen und persönlichen Ersparnisse auch den jeweils besten Wirt erreichen, und deshalb hat gerade die bisherige »Passivität« des Bankapparates den Prozeß der ostdeutschen Investitions- und Unternehmensfinanzierung behindert.

Viertens und letztens aber geht es darum, die Rentabilität der Betriebe in den neuen Bundesländern nicht durch unvertretbar hohe Lohnforderungen und Lohnstückkosten auf Jahre, wenn nicht gar Jahrzehnte hinaus in Frage zu stellen. Aber gerade diese Forderung bedarf – emotionsbehaftet, wie sie nun einmal ist – der Präzisierung. Wäre es doch unverantwortlich, Ostdeutschland zum Niedriglohn-Gebiet zu erklären und den gesamtdeutschen Arbeitsmarkt tarifär zu spalten. Denn die Folge wäre eine Verfestigung von Abwanderung und Pendlertum und eine Bestätigung aller Ressentiments, die in Ostdeutschland gegen westliches Ausbeutertum entstanden sind, zugleich aber eine posthume Rehabilitierung des alten DDR-Marxismus und eine Abwertung der Gewerkschaftsbewegung mit ihrer sozialen Gleichgewichtsfunktion innerhalb jeder Demokratie und Marktwirtschaft. Mut zur Marktwirtschaft heißt eben auch, dem Arbeitsmarkt und seinen effektiven Abschlüssen die notwendigen Differenzierungen und Abweichungen vom Tariflohn zu überlassen. Verständigen sich die Tarifpartner – und sei es stillschweigend – darauf, daß Tariflöhne zwar Richtwerte der Effektivabschlüsse in Deutschland West wie Ost sind, im Einzelfall aber – der Arbeitsplätze wegen – sowohl über- wie unterboten werden dürfen, sorgt diese »Lohndrift« schon von selbst für die unerläßlichen Arbeitskostenanpassungen an die Marktvorgaben von Produktivität und Ertrag.

Löhne nämlich, die wirklich der Qualifizierung der Arbeit entsprechen, sind die entscheidende Voraussetzung dafür, daß der Know-How-Vorteil der ostdeutschen Regionen nicht durch Abwanderung verschwindet. Wenn in den neuen Bundesländern industriell auf- und umgerüstet wird, braucht man ja technisch hochwertige Arbeitskräfte, keine unqualifizierten, und insofern bilden hohe Löhne für hochwertige Leistungen die Bedingung für die angestrebte Modernisierung der ostdeutschen Industriebereiche. Gewerkschaftliche Lohn- und staatliche Struktur- und Innovationsförderungspolitik bilden somit die Vorder- und Rückseite jener Münze, die vom industriellen Fortschritt geprägt wird: Erst teure Arbeit macht den Einsatz teuren Kapitals rentabel und marktwirtschaftlich sinnvoll, erst sie verhindert, daß die neuen Bundesländer zur »verlängerten Werkbank« der alten herabsinken.

Eines jedoch kann sich das vereinigte Deutschland, wenn die »Aufholjagd« im deutschen Osten gelingen soll, am allerwenigsten leisten: sozialen Unfrieden, Arbeitskämpfe und Streiks. Eine Lohnpolitik, welche die wirtschaftliche Dynamik beschleunigen und künftige Produktivitätsgewinne in Maßen antizipieren würde, wäre für die Vermeidung drohender Verteilungskämpfe kein zu hoher Preis, von der Stärkung der Gewerkschaftsautorität (die im Realsozialismus praktisch nicht mehr vorhanden war) nicht erst zu reden. Wenn mithin schon ständig von Solidarpakten die Rede sein soll, dann von diesem, der die Gewerkschaften in ihrer Funktion bestätigt, sie aber gleichzeitig zur Tolerierung von arbeitsplatzbedingten Realitäten zwingt.

Eine Bundesregierung, die ihre künftigen ostdeutschen Förderprogramme auf diese vier Aktionsfelder konzentriert, kann zwar noch immer nicht genau voraussagen und berechnen, wann sie die wirtschaftliche Annäherung der Lebensverhältnisse im Osten des Landes an die vergleichbarer Regionen in Westdeutschland erreichen wird: in fünf, zehn oder erst fünfzehn Jahren. Doch sie kann gewiß sein: Die nächsten Jahre würden nicht mehr, wie bisher, verlorene sein, da dann Zeichen einer begründeten, erkennbaren Hoffnung gesetzt worden wären, daß es von jetzt an aufwärts und nicht mehr abwärts geht.

Vor diesem Hoffnungsschimmer aber würde jede Bundesregierung, nicht nur die derzeitige, ein unverwechselbares Profil gewinnen.

CORSO bei Siedler

Klaus Fußmann
DIE SCHULD DER MODERNE
108 Seiten mit Abbildungen, Leinen

Andreas Hillgruber
ZWEIERLEI UNTERGANG
3. Auflage · 112 Seiten, Leinen

Harold James
VOM HISTORIKERSTREIT ZUM HISTORIKERSCHWEIGEN
96 Seiten, Leinen

Wolf Lepenies
FOLGEN EINER UNERHÖRTEN BEGEBENHEIT
100 Seiten, Leinen

Heinrich von Lersner
DIE ÖKOLOGISCHE WENDE
96 Seiten, Leinen

Hermann Lübbe
POLITISCHER MORALISMUS
2. Auflage · 128 Seiten, Leinen

Friedrich Prinz
LUDWIG II.
Ein königliches Doppelleben
96 Seiten mit Abbildungen, Leinen

Werner Ross
LOU ANDREAS-SALOMÉ
Weggefährtin von Nietzsche, Rilke, Freud
2. Auflage · 120 Seiten mit Abbildungen, Leinen

Karl Schlögel
DIE MITTE LIEGT OSTWÄRTS
2. Auflage · 128 Seiten
mit Abbildungen, Leinen

Helmut Schmidt
VOM DEUTSCHEN STOLZ
Bekenntnisse zur Erfahrung von Kunst
2. Auflage · 96 Seiten, Leinen

Hagen Schulze
DIE WIEDERKEHR EUROPAS
80 Seiten, Leinen

Hagen Schulze
GIBT ES ÜBERHAUPT EINE DEUTSCHE GESCHICHTE?
80 Seiten, Abbildungen, Leinen

Brigitte Seebacher-Brandt
DIE LINKE UND DIE EINHEIT
96 Seiten, Leinen

Wolf Jobst Siedler
AUF DER PFAUENINSEL
7. Auflage · 104 Seiten mit Abbildungen, Leinen

Wolf Jobst Siedler
LOB DES BAUMES
80 Seiten mit Abbildungen, Leinen

Wolf Jobst Siedler
WANDERUNGEN ZWISCHEN ODER UND NIRGENDWO
4. Auflage · 144 Seiten mit Abbildungen, Leinen

Michael Stürmer
SCHERBEN DES GLÜCKS
104 Seiten mit Abbildungen, Leinen

Richard v. Weizsäcker
VON DEUTSCHLAND AUS
Reden des Bundespräsidenten
13. Auflage, 112 Seiten, Leinen

Die Deutsche Bibliothek – CIP-Einheitsaufnahme

Hankel, Wilhelm:
Die sieben Todsünden der Vereinigung / Wilhelm Hankel. –
Berlin: Siedler, 1993
ISBN 3-88680-484-4

© 1993 by Wolf Jobst Siedler Verlag GmbH, Berlin.

Der Siedler Verlag ist ein gemeinsames Unternehmen
der Verlagsgruppe Bertelsmann und von Wolf Jobst Siedler.

Alle Rechte vorbehalten,
auch das der fotomechanischen Wiedergabe.
Schutzumschlag: Werner Rebhuhn, Cuxhaven
Satz und Grafiken: Ditta Ahmadi, Berlin
Druck und Buchbinder: Mohndruck, Gütersloh
Printed in Germany 1993
ISBN 3-88680-484-4
Erste Auflage